G000019695

A CHRISTMAS CAROL

BY CHARLES DICKENS

DUAL LANGUAGE READER

ENGLISH - SPANISH

EL CANTICO DE NAVIDAD

POR CARLOS DICKENS
TRADUCCION DE DON LUIS BARTHE

EDITED BY JASON BRADLEY

Study Pubs LLC

For more language learning with literature classics, visit our website:

www.StudyPubs.com

Edited by Jason Bradley

Derivative Work adapted from public domain titles:
"A Christmas Story", Dickens, Charles, 1843 (and)
"El Cantico De Navidad", Don Luis Barthe translation, 1883. Cover design adapted from: Arthur Rackham's "Marley's Ghost: Heading to Stave One", 1915.

First Edition
Copyright © 2010 Study Pubs LLC

ISBN-10 0-9831503-0-3
ISBN-13 978-09831503-0-5
Library of Congress Control Number: 2010941014
Printed in the United States of America.

Editors Note

I attempted to organize this book in the most user-friendly manner, and hopefully after reading it you will agree.

Simply read the text of your own language first and then read the page containing the text in the language you are studying.

On all even numbered pages (left side), you'll find the English text and on all odd numbered pages (right side) the Spanish text, each side containing a corresponding translation of the other. Thus, any idea being expressed on either the left or right page will have a corresponding expression, in a different language, on the opposite page.

Assume conflicts in grammar, if any, are resolved in English. Please notify admin@studypubs.com should you catch any errors.

-Jason Bradley, Editor

A CHRISTMAS CAROL

IN PROSE

BEING

A Ghost Story of Christmas

By Charles Dickens

PREFACE

I HAVE endeavoured in this Ghostly little book, to raise
the Ghost of an Idea, which shall not put my readers out
of humour with themselves, with each other, with the
season, or with me. May it haunt their houses pleasantly,
and no one wish to lay it.

Their faithful Friend and Servant,

C. D.

December, 1843.

Un Cuento de Navidad

EN PROSA

SER

Una historia de fantasmas de la Navidad

Por Charles Dickens

PREFACIO

Me he esforzado en este librito fantasmal, levantar el
fantasma de una idea, que no podrá ejecutar mis lectores
de mal humor con ellos mismos, entre sí, con la estación,
o conmigo. De mayo a meterse en sus casas
agradablemente, y nadie quiere ponerla.

Su fiel amigo y servidor,

C. D.

Décembre de 1843.

Table of Contents

Tabla de contenidos

STAVE ONE - Marley's Ghost

MARLEY was dead: to begin with. There is no doubt whatever about that. The register of his burial was signed by the clergyman, the clerk, the undertaker, and the chief mourner. Scrooge signed it: and Scrooge's name was good upon 'Change, for anything he chose to put his hand to. Old Marley was as dead as a door-nail.

Mind! I don't mean to say that I know, of my own knowledge, what there is particularly dead about a door-nail. I might have been inclined, myself, to regard a coffin-nail as the deadest piece of ironmongery in the trade. But the wisdom of our ancestors is in the simile; and my unhallowed hands shall not disturb it, or the Country's done for. You will therefore permit me to repeat, emphatically, that Marley was as dead as a door-nail.

Scrooge knew he was dead? Of course he did. How could it be otherwise? Scrooge and he were partners for I don't know how many years. Scrooge was his sole executor, his sole administrator, his sole assign, his sole residuary legatee, his sole friend, and sole mourner. And even Scrooge was not so dreadfully cut up by the sad event, but that he was an excellent man of business on the very day of the funeral, and solemnised it with an undoubted bargain.

ESTROFA PRIMERA.

Para empezar: Marley había muerto. Sobre ella no había ni la menor sombra de duda. La partida de defunción estaba firmada por el cura, por el sacristán, por el encargado de las pompas fúnebres y por el presidente del duelo. Scrooge la había firmado y la firma de Scrooge circulaba sin inconveniente en la Bolsa, cualquiera que fuera el papel donde la fijara. El viejo Marley *estaba tan muerto como un clavo de puerta.*

Aguardad: con esto no quiero decir que yo conozca, por mí mismo, lo que hay de especialmente muerto en un clavo. Si me dejara llevar de mis opiniones, creería mejor que un clavo de ataúd es el trozo de hierro más muerto que puede existir en el comercio; pero como la sabiduría de nuestros antepasados brilla en las comparaciones, no me atrevo, con mis profanas manos, á tocar á tan venerandos recuerdos. De otra manera, ¡qué seria de nuestro país! Permitidme, pues, repetir enérgicamente que Marley estaba tan muerto como un clavo de puerta.

¿Lo sabía así Scrooge? A no dudarlo. Forzosamente debía de saberlo. Scrooge y, él, por espacio de no sé cuántos años, habían sido socios. Scrooge era su único ejecutor testamentario, ha único administrador, su único poderhabiente, su único legatario universal, su único amigo, el único que acompañó el féretro. Aunque, á decir verdad, este tristísimo suceso no le sobrecogió de modo que no pudiera, en el mismo día de los funerales, mostrarse como hábil hombre de negocios y llevar á cabo una venta de las más productivas.

7

The mention of Marley's funeral brings me back to the point I started from. There is no doubt that Marley was dead. This must be distinctly understood, or nothing wonderful can come of the story I am going to relate. If we were not perfectly convinced that Hamlet's Father died before the play began, there would be nothing more remarkable in his taking a stroll at night, in an easterly wind, upon his own ramparts, than there would be in any other middle-aged gentleman rashly turning out after dark in a breezy spot—say Saint Paul's Churchyard for instance—literally to astonish his son's weak mind.

Scrooge never painted out Old Marley's name. There it stood, years afterwards, above the warehouse door: Scrooge and Marley. The firm was known as Scrooge and Marley. Sometimes people new to the business called Scrooge, "Scrooge", and sometimes Marley, but he answered to both names. It was all the same to him.

Oh! But he was a tight-fisted hand at the grindstone, Scrooge! a squeezing, wrenching, grasping, scraping, clutching, covetous, old sinner! Hard and sharp as flint, from which no steel had ever struck out generous fire; secret, and self-contained, and solitary as an oyster. The cold within him froze his old features, nipped his pointed nose, shrivelled his cheek, stiffened his gait; made his eyes red, his thin lips blue; and spoke out shrewdly in his grating voice. A frosty rime was on his head, and on his eyebrows, and his wiry chin. He carried his own low temperature always about with him;

El recuerdo de los funerales de Marley me coloca otra vez en el punto donde he empezado. No cabo duda en que Marley había fallecido, circunstancia que debe fijar, mucho nuestra atención, porque si no la presente historia no tendría nada de maravillosa.

Si no estuviéramos convencidos de que el padre de Hamlet ha muerto antes de que la tragedia de principio, no trendia nada de extraño que lo vieramos pasear al pie de las murallas de la ciudad y expuesto a la intemperie; lo mismo exactamente, que si vieramos a otra persona de edad provecta pasearse a horas desusadas en medio de la oscuridad de la noche y por lugares donde soplara un viento helador. Como en el cementerio de St. Paul, y en el caso del padre de Hamlet, que se utiliza sólo impresiona la imaginación de su hijo.

Scrooge no borró jamás el nombre del viejo Marley. Todavía lo conservaba escrito, años después, encima do la puerta del almacén : Scrooge y Marley. La casa de comercio era conocida bajo esta razón. Algunas personas, nuevas en el negocio, algunas veces llamaban a Scrooge, "Scrooge"; otras, Marley sencillamente, mas él contestaba por los dos nombres; para él no constituía más que uno.

¡Oh! Y que sentaba bien la mano sobre sus negocios! Aquel empedernido pecador era un avaro que sabia agarrar con fuerza, arrancar, retorcer, apretar, raspar y, sobre todo, duro y cortante como esos pedernales que no despiden vivíficas chispas si no al contacto del eslabón. Vivía ensimismado en sus pensamientos, sin comunicarlos, y solitario como un hongo. La frialdad interior que había en él le helaba la aviejada fisonomía, coloreaba la puntiaguda nariz, le arrugaban las mejillas, le enrojecía los párpados, le envaraba las piernas, le azuleaban los delgados labios y le enronquecía la voz. Su cabeza, sus cejas y su barba fina y nerviosa parecían como recubiertas de escarcha. Siempre y á todas partes llevaba la temperatura bajo cero:

he iced his office in the dog-days; and didn't thaw it one degree at Christmas.

External heat and cold had little influence on Scrooge. No warmth could warm, no wintry weather chill him. No wind that blew was bitterer than he, no falling snow was more intent upon its purpose, no pelting rain less open to entreaty. Foul weather didn't know where to have him. The heaviest rain, and snow, and hail, and sleet, could boast of the advantage over him in only one respect. They often "came down" handsomely, and Scrooge never did.

Nobody ever stopped him in the street to say, with gladsome looks, "My dear Scrooge, how are you? When will you come to see me?" No beggars implored him to bestow a trifle, no children asked him what it was o'clock, no man or woman ever once in all his life inquired the way to such and such a place, of Scrooge. Even the blind men's dogs appeared to know him; and when they saw him coming on, would tug their owners into doorways and up courts; and then would wag their tails as though they said, "No eye at all is better than an evil eye, dark master!"

But what did Scrooge care! It was the very thing he liked. To edge his way along the crowded paths of life, warning all human sympathy to keep its distance, was what the knowing ones call "nuts" to Scrooge.

Once upon a time—of all the good days in the year, on Christmas Eve—old Scrooge sat busy in his counting-house. It was cold, bleak, biting weather: foggy withal: and he could hear the people in the court outside, go wheezing up and down,

trasmitia el frío á sus oficinas en los días caniculares y no las deshelaba, ni siquiera de un grado, por Navidad.

El calor y el frio exteriores eje roían muy poca influencia sobre Scrooge. El calor del verano no le calentaba y el invierno más riguroso no llegaba á enfriarle. Ninguna ráfaga de viento era más desapacible que él. Jamás se vio nieve que cayera tan rectamente como él iba derecho á su objeto, ni aguacero más sostenido. El mal tiempo no encontraba manera de mortificarle: las lluvias más copiosas, la nieve, el granizo no podían jactarse de tener sobre él más que una ventaja: la de que caían con la belleza, y Scrooge nunca lo hizo.

Nadie lo detenía en la calle para decirle con aire de júbilo: ¿Cómo se encuentra usted, mi querido Scrooge? ¿Cuándo vendrá usted á verme? Ningún mendigo le pedía dinero; ningún niño le preguntó qué es el tiempo. Nunca se vio á nadie, ya hombre o ya mujer, pedirle direcciones. Hasta los perros de ciego daban muestras de conocerle, y cuando le veían, llevaban á sus dueños al hueco de una puerta ó á una callejuela retirada, meneando la cola como quien dio: Ningún ojo en todo es mejor que un mal de ojo, el maestro oscuro.

Pero ¿qué le importaba esto á Scrooge? Precisamente era lo que quería: ir solo por el ancho camino de la existencia, tan frecuentado por la muchedumbre de los hombres, intimándoles con el aspecto de la persona, como si fuera un rótulo, que se apartasen. Esto era en Scrooge como el mejor plato para un goloso.

Un día, el más notable de todos los buenos del año, la víspera de Navidad, el viejo Scrooge estaba muy atareado sentado en su despacho. Hacia un frio penetrante. Reinaba la niebla. Scrooge podía oír cómo las gentes iban de un lado á otro por la calle soplándose las puntas de los dedos, respirando ruidosamente,

11

beating their hands upon their breasts, and stamping their feet upon the pavement stones to warm them.

The city clocks had only just gone three, but it was quite dark already—it had not been light all day—and candles were flaring in the windows of the neighbouring offices, like ruddy smears upon the palpable brown air.

The fog came pouring in at every chink and keyhole, and was so dense without, that although the court was of the narrowest, the houses opposite were mere phantoms. To see the dingy cloud come drooping down, obscuring everything, one might have thought that Nature lived hard by, and was brewing on a large scale.

The door of Scrooge's counting-house was open that he might keep his eye upon his clerk, who in a dismal little cell beyond, a sort of tank, was copying letters. Scrooge had a very small fire, but the clerk's fire was so very much smaller that it looked like one coal. But he couldn't replenish it, for Scrooge kept the coal-box in his own room; and so surely as the clerk came in with the shovel, the master predicted that it would be necessary for them to part. Wherefore the clerk put on his white comforter, and tried to warm himself at the candle; in which effort, not being a man of a strong imagination, he failed.

"A merry Christmas, uncle! God save you!" cried a cheerful voice. It was the voice of Scrooge's nephew, who came upon him so quickly that this was the first intimation he had of his

golpeándose él cuerpo con las manos y pisando con fuerza para calentarse los pies.

Las tres de la tarde acababan de dar en los relojes de la City, y con todo casi era de noche. El día había estado muy sombrío. Las luces que brillaban en las oficinas inmediatas, parecían como manchas de grasas enrojecidas, y se destacaban sobre el fondo de aquella atmósfera tan negruzca y-por decirlo así, palpable. La niebla penetraba en el interior de las casas por todos los resquicios y por los huecos de las cerraduras: fuera había llegado su densidad tal extremo, que si bien el callo era muy es trecha, las casas de enfrente se asemejaban á fantasmas. Al contemplar cómo aquel espeso nublado descendía cada vez más, envolviendo todos los objetos en una profunda oscuridad, se podía creer que la naturaleza trataba de establecerse allí para explotar una cervecería en grande escala.

La puerta del despacho de Scrooge continuaba abierta, á fin de poder éste vigilar a su empleado dentro de la pequeña y deprimente celdilla, á manera de sombría cisterna, donde se ocupaba en copiar cartas. Scrooge tenía un fuego muy escaso, pero menos aún la del empleado: aparentaba no encerrar más que un pedazo de carbón. Y el empleado no podía recargar la estufa, porque en cuanto iba con el cogedor á proveerse, Scrooge, que atendía por sí á la custodia del combustible, no se recataba de manifestar á aquel infeliz que cuidase de no ponerlo en el caso de despedirle. Por este motivo el dependiente se envolvía en su tapabocas blanco y se esforzaba en calentarse a la luz de la vela; pero como era hombre de poquísima imaginación, sus tentativas resaltaban infructuosas.

—Os deseo una regocijada Noche Buena, tío mío, y que Dios os conserve; gritó alegremente uno. Era la voz del sobrino de Scrooge. Este, que ocupado en sus combinaciones no le había visto llegar, quedó

approach.

"Bah!" said Scrooge, "Humbug!"

He had so heated himself with rapid walking in the fog and frost, this nephew of Scrooge's, that he was all in a glow; his face was ruddy and handsome; his eyes sparkled, and his breath smoked again.

"Christmas a humbug, uncle!" said Scrooge's nephew. "You don't mean that, I am sure."

"I do," said Scrooge. "Merry Christmas! What right have you to be merry? What reason have you to be merry? You're poor enough."

"Come, then," returned the nephew gaily. "What right have you to be dismal? What reason have you to be morose? You're rich enough."

Scrooge having no better answer ready on the spur of the moment, said, "Bah!" again; and followed it up with "Humbug."

"Don't be cross, uncle!" said the nephew.

"What else can I be," returned the uncle, "when I live in such a world of fools as this? Merry Christmas! Out upon merry Christmas! What's Christmas time to you but a time for paying bills without money; a time for finding yourself a year older, but not an hour richer; a time for balancing your books and having every item in 'em through a round dozen of months presented dead against you? If I could work my will,"

sorprendido.

—¡Bah!, dijo Scrooge; ¡Humbug!

El sobrino de Scrooge estaba todo acalorado por la rápida caminata, en medio de aquel frio y de aquella niebla, que despedía fuego; su rostro estaba encendido como una cereza; sus ojos chispeaban y el vaho de su aliento humeaba, cuando dijo:

— ¡La Noche Buena una tontería, tío mío! No esto sin duda lo que quereis decir.

—Sí tal, dijo Scrooge. "Una regocijada Noche Buena. ¿Qué derecho os asiste para estar contento? ¿Qué razón para abandonaros á unas alegrías tan ruinosas? Usted es bastante pobre.

—Vamos, vamos, dijo alborozadamente el sobrino, ¿en qué derecho os apoyáis para estar triste? ¿En qué motivo para entregaros á esas abrumadoras cifras? Usted es bastante rico.

—¡Bah!, dijo Scrooge, que por entonces no encontraba otra contestación mejor que dar; y su ¡bah! fue seguido de la palabra de antes: ¡Humbug!

—No os pongáis de mal humor, tío mío, exclamó el sobrino.

—Y cómo no ponerme, cuando se vive en un mundo de locos cual lo es este. ¡Una regocijada Noche Buena! Váyanse al diablo todas ellas. ¿Qué es la Navidad, sino una a época en que vencen muchos pagarés y en que hay que pagarlos aunque no se tenga dinero? ¡Un día en que os encontráis más viejo de un año, y no más rico de una hora! ¡Un día en que después de hacer el balance de vuestras cuentas, observáis que en los doce meses transcurridos no habéis ganado nada. Si yo pudiera obrar según pienso,

said Scrooge indignantly, "every idiot who goes about with 'Merry Christmas' on his lips, should be boiled with his own pudding, and buried with a stake of holly through his heart. He should!"

"Uncle!" pleaded the nephew.

"Nephew!" returned the uncle sternly, "keep Christmas in your own way, and let me keep it in mine."

"Keep it!" repeated Scrooge's nephew. "But you don't keep it."

"Let me leave it alone, then," said Scrooge. "Much good may it do you! Much good it has ever done you!"

"There are many things from which I might have derived good, by which I have not profited, I dare say," returned the nephew. "Christmas among the rest. But I am sure I have always thought of Christmas time, when it has come round—apart from the veneration due to its sacred name and origin, if anything belonging to it can be apart from that—as a good time; a kind, forgiving, charitable, pleasant time; the only time I know of, in the long calendar of the year, when men and women seem by one consent to open their shut-up hearts freely, and to think of people below them as if they really were fellow-passengers to the grave, and not another race of creatures bound on other journeys. And therefore, uncle, though it has never put a scrap of gold or silver in my pocket, I believe that it *has* done me good, and *will* do me good; and I say, God bless it!"

continuó Scrooge con acento indignado, todos los tontos que circulan por esas calles celebrando la Noche Buena, serian puestos á cocer en su propio caldo, dentro de un perol y enterrados con una estaca de acebo atravesada por el corazón. ¡Él debe!

—Tío mío, exclamó el sobrino queriendo defender la Noche Buena.

—Sobrino mío, replicó Scrooge severamente; podéis gozar de la Noche Buena á vuestro gusto; dejadme celebrarla al mío.

— ¡Celebrar la Noche Buena! repitió el sobrino; ¡pero si no la celebráis!

— Entonces dejadme no gozarla. Espero que te sirva bien. ¡Este día nunca le ha servido bien!

—Muchas cosas hay, lo declaro, de las que hubiera podido obtener algunas ventajas que no he obtenido, y entre otras de la Noche Buena; pero á lo menos he considerado esta día (dejando aparte el respeto debido á su sagrado nombre y á su origen divino, si es que pueden ser dejados aparte tratándose de la Noche Buena) como un hermoso día, como un día de benevolencia, de perdón, de caridad y de placer; el único del largo calendario del ano en el que, según creo, todos, hombres y mujeres, parece que descubren por consentimiento unánime, parece que manifiestan sin empaca, cuantos secretos guardan en su corazón y que ven en los individuos de inferior clase á la suya, como verdaderos compañeros de viaje en el camino del sepulcro, y no otra especie de seres que se dirigen á diverso fin. Por eso, tío mío, aunque no haya depositado en mi bolsillo ni la más pequeña moneda de oro ó de plata, creo que la Noche Buena me ha producido bien y que me lo producirá todavía. Por eso grito: viva la Noche Buena!

The clerk in the Tank involuntarily applauded. Becoming immediately sensible of the impropriety, he poked the fire, and extinguished the last frail spark for ever.

"Let me hear another sound from *you*," said Scrooge, "and you'll keep your Christmas by losing your situation! You're quite a powerful speaker, sir," he added, turning to his nephew. "I wonder you don't go into Parliament."

"Don't be angry, uncle. Come! Dine with us to-morrow."

Scrooge said that he would see him—yes, indeed he did. He went the whole length of the expression, and said that he would see him in that extremity first.

"But why?" cried Scrooge's nephew. "Why?"

"Why did you get married?" said Scrooge.

"Because I fell in love."

"Because you fell in love!" growled Scrooge, as if that were the only one thing in the world more ridiculous than a merry Christmas. "Good afternoon!"

"Nay, uncle, but you never came to see me before that happened. Why give it as a reason for not coming now?"

"Good afternoon," said Scrooge.

"I want nothing from you; I ask nothing of you; why cannot we be friends?"

"Good afternoon," said Scrooge.

El empleado aplaudió desde su cuchitril involuntariamente; pero habiendo echado de ver en el acto la inconveniencia que había cometido, se puso á revolver el fuego y acabó de apagarlo.

—Déjame escuchar otro sonido de usted-grito Scrooge, y celebrareis la Noche Buena perdiendo el empleo. En cuanto á vos, prosiguió encarándose con su sobrino, sois verdaderamente un orador muy distinguido. Me admiro de no veros sentado en los bancos del Parlamento.

—No os incomodeis, tío mío. Ea, venid á comer con nosotros mañana.

Scrooge le repuso que querría verle en... sí, verdaderamente lo dijo. Profirió la frase completa diciendo que lo querría ver mejor en... (el lector acabará si le parece.)

—Pero ¿por qué? exclamó el sobrino; ¿por qué?

— ¿Por qué os habéis casado? preguntó Scrooge.

—Porque me enamoré.

— ¡Por que os enamorásteis! refunfuñó Scrooge, como si aquello fuera la mayor tontería despues de la de Noche Buena: buenas noches.

—Pero tío, antes de mi boda ibais á visitarme, pero nunca vino a verme. ¿Por qué la pretexto para no ir ahora?

—Buenas noches, dijo Scrooge.

—Nada deseo, nada solicito de vos. ¿Por qué no hemos de ser amigos?

—Buenas noches, dijo Scrooge.

"I am sorry, with all my heart, to find you so resolute. We have never had any quarrel, to which I have been a party. But I have made the trial in homage to Christmas, and I'll keep my Christmas humour to the last. So A Merry Christmas, uncle!"

"Good afternoon!" said Scrooge.

"And A Happy New Year!"

"Good afternoon!" said Scrooge.

His nephew left the room without an angry word, notwithstanding. He stopped at the outer door to bestow the greetings of the season on the clerk, who, cold as he was, was warmer than Scrooge; for he returned them cordially.

"There's another fellow," muttered Scrooge; who overheard him: "my clerk, with fifteen shillings a week, and a wife and family, talking about a merry Christmas. I'll retire to the Madhouse."

This lunatic, in letting Scrooge's nephew out, had let two other people in. They were portly gentlemen, pleasant to behold, and now stood, with their hats off, in Scrooge's office. They had books and papers in their hands, and bowed to him.

"Scrooge and Marley's, I believe," said one of the gentlemen, referring to his list. "Have I the pleasure of addressing Mr. Scrooge, or Mr. Marley?"

"Mr. Marley has been dead these seven years," Scrooge replied. "He died seven years ago, this very night."

"We have no doubt his liberality is well represented by his surviving partner," said the gentleman, presenting his credentials.

—Estoy pesaroso, verdaderamente pesaroso de veros tan resuelto. Jamás hemos tenido nada el uno contra el otro; á lo menos yo. He dado este paso en honra do la Noche Buena, y conservaré mi buen humor hasta lo último; por lo tanto os deseo una felicísima Noche Buena.

—Buenas noches, dijo Scrooge.

—Y un buen principio de año.

—Buenas noches.

Y el sobrino abandonó el despacho sin dar la más pequeña muestra de descontento. Antes de salir á la calle, se detuvo a otorgar saludos de la estación al dependiente quien, aunque helado, sentia más calor que Scrooge, y le devolvió cordialmente la felicitación.

—Hé ahí otro loco, murmuró Scrooge, que los estaba oyendo. ¡Un empleado con quince chelines (75 reales) por semana, esposa é hijos, hablando de la Noche Buena! Hay para encerrarse en un manicomio.

Aquel loco perdido, despues de saludar al sobrino de Scrooge, introdujo otras dos personas; dos señores de buen aspecto, de figura simpática, que se presentaron, sombrero en mano, á ver á Mr. Scrooge.

— Scrooge y Marley, si no me equivoco, dijo uno de ellos consultando una lista. ¿A quién tengo el honor de hablar, á Mr. Scrooge ó á Mr. Marley?

—Mr. Marley falleció hace siete años, contestó Scrooge; justamente se cumplen esta noche misma.

—No abrigamos la menor duda en que la generosidad de dicho señor estará dignamente representada por su socio sobreviviente, dijo uno de los caballeros presentando varios documentos que le autorizaban para postular.

It certainly was; for they had been two kindred spirits. At the ominous word "liberality," Scrooge frowned, and shook his head, and handed the credentials back.

"At this festive season of the year, Mr. Scrooge," said the gentleman, taking up a pen, "it is more than usually desirable that we should make some slight provision for the Poor and destitute, who suffer greatly at the present time. Many thousands are in want of common necessaries; hundreds of thousands are in want of common comforts, sir."

"Are there no prisons?" asked Scrooge.

"Plenty of prisons," said the gentleman, laying down the pen again.

"And the Union workhouses?" demanded Scrooge. "Are they still in operation?"

"They are. Still," returned the gentleman, "I wish I could say they were not."

"The Treadmill and the Poor Law are in full vigour, then?" said Scrooge.

"Both very busy, sir."

"Oh! I was afraid, from what you said at first, that something had occurred to stop them in their useful course," said Scrooge. "I'm very glad to hear it."

"Under the impression that they scarcely furnish Christian cheer of mind or body to the multitude," returned the gentleman, "a few of us are endeavouring to raise a fund to buy the Poor some meat and drink, and means of warmth. We choose this time, because it is a time, of all others, when Want is keenly felt, and Abundance rejoices. What shall I put you down for?"

"Nothing!" Scrooge replied.

Y lo estaba sin duda, porque Scrooge y Marley se parecian como dos gotas de agua. Al oir la palabra generosidad, Scrooge frunció las cejas, movió la cabeza y devolvió los documentos á su dueño.

— En esta alegre época del año, Mr. Scrooge, dijo el postulante tomando una pluma, deseamos, más que en otra cualquiera, reunir algunos modestos ahorros para los pobres y necesitados que padecen terriblemente á consecuencia de lo crudo de la estacion. Hay miles que carecen de lo más necesario, y cientos de miles que ni áun el más pequeño bienestar pueden permitirse.

—¿No hay cárceles? preguntó Scrooge.

—¡Oh! ¡Muchas! contestó el postulante dejando la pluma.

—Y los asilos ¿no están abiertos? prosiguió Scrooge.

—Seguramente, caballero, respondió el otro. Pluguiera á Dios que no lo estuviesen.

—Las correcciones disciplinarias y la ley de pobres rigen todavía? preguntó Scrooge.

—Siempre y se las aplica con frecuencia

—Ah! Temía, en vista de lo que acabáis de decirme, que por alguna circunstancia imprevista, no funcionaban ya tan útiles instituciones; me alegro de saber lo contrario, dijo Scrooge.

—Convenidos de que con ellas no se puede dar una satisfacción cristiana al cuerpo y al alma de muchas gentes, trabajamos algunos para reunir una pequeña cantidad con que comprar algo de carne, de cerveza y de carbon para calentarse. Nos hemos fijado en esta época, porque, de todas la del año, es cuando se deja sentir con más fuerza la necesidad; en la que la abundancia causa más alegría. ¿Por cuánto quereis suscribiros?

—¡Por nada!

"You wish to be anonymous?"

"I wish to be left alone," said Scrooge. "Since you ask me what I wish, gentlemen, that is my answer. I don't make merry myself at Christmas and I can't afford to make idle people merry. I help to support the establishments I have mentioned—they cost enough; and those who are badly off must go there."

"Many can't go there; and many would rather die."

"If they would rather die," said Scrooge, "they had better do it, and decrease the surplus population. Besides—excuse me—I don't know that."

"But you might know it," observed the gentleman.

"It's not my business," Scrooge returned. "It's enough for a man to understand his own business, and not to interfere with other people's. Mine occupies me constantly. Good afternoon, gentlemen!"

Seeing clearly that it would be useless to pursue their point, the gentlemen withdrew. Scrooge resumed his labours with an improved opinion of himself, and in a more facetious temper than was usual with him.

Meanwhile the fog and darkness thickened so, that people ran about with flaring links, proffering their services to go before horses in carriages, and conduct them on their way.

—¿Deseais conservar el incógnito?

—Lo que deseo es que se me deje tranquilo. Puesto que me preguntais lo que deseo hé aquí mi respuesta. Yo no me permito regocijarme en Noche Buena y no quiero proporcionar á los perezosos medios para regocijarse. Contribuyo al sostenimiento de los instituciones de que es hablaba hace poco: cuestan muy caras; los que no se encuentren bien en otra parte, pueden ir á ellas.

— Hay muchos á quienes no les es dado y otros que preferirían morir antes.

—Si prefieren morirse, harán muy bien en realizar esa idea, y en disminuir el excedente de la poblacion. Por lo demás, bien podeis dispensarme; pero no entiendo nada de semejantes cosas.

—Os seria facilísimo conocerlas, insinuó el postulante.

—No es de mi incumbencia, contestó Scrooge. Un hombre tiene suficiente con sus negocios para no ocuparse en los de otros. Necesito todo mi tiempo para los mios. Buenas noches, señores.

Viendo lo inútil que seria insistir, se retiraron los dos caballeros, y Scrooge volvió á su trabajo cada vez más satisfecho de su conducta, y con un humor más festivo que por lo comun.

A todo esto la niebla y la oscuridad se iban haciendo tan densas, que se veia á muchas gentes correr de un lado á otro con teas encendidas, ofreciendo sus servicios á los cocheros para andar delante de los caballos y guiarlos en su camino.

The ancient tower of a church, whose gruff old bell was always peeping slily down at Scrooge out of a Gothic window in the wall, became invisible, and struck the hours and quarters in the clouds, with tremulous vibrations afterwards as if its teeth were chattering in its frozen head up there. The cold became intense. In the main street, at the corner of the court, some labourers were repairing the gas-pipes, and had lighted a great fire in a brazier, round which a party of ragged men and boys were gathered: warming their hands and winking their eyes before the blaze in rapture. The water-plug being left in solitude, its overflowings sullenly congealed, and turned to misanthropic ice.

The brightness of the shops where holly sprigs and berries crackled in the lamp heat of the windows, made pale faces ruddy as they passed. Poulterers' and grocers' trades became a splendid joke: a glorious pageant, with which it was next to impossible to believe that such dull principles as bargain and sale had anything to do.

The Lord Mayor, in the stronghold of the mighty Mansion House, gave orders to his fifty cooks and butlers to keep Christmas as a Lord Mayor's household should; and even the little tailor, whom he had fined five shillings on the previous Monday for being drunk and bloodthirsty in the streets, stirred up to-morrow's pudding in his garret, while his lean wife and the baby sallied out to buy the beef.

La antigua torre de una iglesia, cuya vieja campana parecia que miraba curiosamente á Scrooge en su bufete á través de una ventana gótica practicada en el muro, se hizo invisible; el reloj dió las horas, las medias horas, los cuartos de hora en las nubes con vibraciones temblorosas y prolongadas, como si sus dientes hubiesen castañeteado en lo alto sobre la aterida cabeza de la campana. El frio aumentó de una manera intensa. En uno de los rincones del patio varios trabajadores, dedicados á la reparacion de las cañerías del gas, habian encendido un enorme brasero, alrededor del cual estaban agrupados muchos hombres y niños haraposos, calentándose y guiñando los ojos con aire de satisfaccion. El agua de la próxima fuente al manar se helaba, formando á manera de un cuadro en torno, que infundía horror.

En los almacenes las ramas de acebo chisporroteaban al calor de las luces de gas, y lo teñían todo con sus rojizas vislumbres. Las tiendas de volatería y de ultramarinos lucian con desusada esplendidez, cual si quisieran significar que en todo aquel lujo no tenia nada que ver el interés de la ganancia.

El alcalde de Lóndres, en su magnífica residencia consistorial, daba órdenes á sus cincuenta cocineros y á sus cincuenta reposteros para festejar la Noche Buena como debe festejarla un alcalde, y hasta el sastrecillo remendon á quien aquella autoridad habia condenado el lunes precedente á una multa por haberlo encontrado ébrio y armando un barullo infernal en la calle, se preparaba para la comida del dia siguiente, miéntras que su escuálida mujer, llevando en sus brazos su no menos escuálido rorro, se encaminaba á la carnicería para hacer sus compras.

Foggier yet, and colder. Piercing, searching, biting cold. If the good Saint Dunstan had but nipped the Evil Spirit's nose with a touch of such weather as that, instead of using his familiar weapons, then indeed he would have roared to lusty purpose. The owner of one scant young nose, gnawed and mumbled by the hungry cold as bones are gnawed by dogs, stooped down at Scrooge's keyhole to regale him with a Christmas carol: but at the first sound of:

> "God bless you, merry gentleman!
> May nothing you dismay!"

Scrooge seized the ruler with such energy of action, that the singer fled in terror, leaving the keyhole to the fog and even more congenial frost.

At length the hour of shutting up the counting-house arrived. With an ill-will Scrooge dismounted from his stool, and tacitly admitted the fact to the expectant clerk in the Tank, who instantly snuffed his candle out, and put on his hat.

"You'll want all day to-morrow, I suppose?" said Scrooge.

"If quite convenient, sir."

"It's not convenient," said Scrooge, "and it's not fair. If I was to stop half-a-crown for it, you'd think yourself ill-used, I'll be bound?"

The clerk smiled faintly.

"And yet," said Scrooge, "you don't think *me* ill-used, when I pay a day's wages for no work."

The clerk observed that it was only once a year.

A todo esto la niebla va en aumento; el frio va en aumento; frío helador, intenso. Si á la sazon el excelente San Dunstan, despreciando las armas de que por lo comun se valía hubiera pellizcado al diablo en la nariz, de seguro que le habria hecho exhalar formidables rugidos. El propietario de una nariz jóven, pequeña, roida por aquel frio tan famélico como los huesos son corroidos por los perros, aplicó su boca al agujero de la cerradura del despacho de Scrooge para regalarle una cancion alusiva á las circunstancias. Scrooge empuñó su regla con un ademán tan enérgico, que el cantante huyó, todo azorado, abandonando el agujero de la cerradura á la niebla y á la escarcha, que se introdujeron precipitadamente en el despacho, como por simpatía hácia Scrooge.

A la último llegó la hora de cerrar la oficina. Scrooge se levantó de su banqueta, lleno de mal humor, dando así la señal de marcha al dependiente, quien le aguardaba en su cisterna, con el sombrero puesto, despues de haber apagado la luz.

—Supongo que deseareis tener libre el dia de mañana, dijo Scrooge.

—Si lo creeis conveniente.

—No me conviene; de ninguna manera. ¿Qué diríais si os retuviera el sueldo de mañana? Os creeríais perjudicado. ¿Que diríais si os retuviera el sueldo de maní fina? Os creeríais perjudicado.

El empleado se sonrió ligeramente.

—Y sin embargo, continuó Scrooge, á mí no me considerais como perjudicado, á pesar de que os pago un dia por no hacer nada.

El empleado hizo observar que aquello no tenia lugar más que una sola vez cada año.

"A poor excuse for picking a man's pocket every twenty-fifth of December!" said Scrooge, buttoning his great-coat to the chin. "But I suppose you must have the whole day. Be here all the earlier next morning."

The clerk promised that he would; and Scrooge walked out with a growl. The office was closed in a twinkling, and the clerk, with the long ends of his white comforter dangling below his waist (for he boasted no great-coat), went down a slide on Cornhill, at the end of a lane of boys, twenty times, in honour of its being Christmas Eve, and then ran home to Camden Town as hard as he could pelt, to play at blindman's-buff.

Scrooge took his melancholy dinner in his usual melancholy tavern; and having read all the newspapers, and beguiled the rest of the evening with his banker's-book, went home to bed. He lived in chambers which had once belonged to his deceased partner. They were a gloomy suite of rooms, in a lowering pile of building up a yard, where it had so little business to be, that one could scarcely help fancying it must have run there when it was a young house, playing at hide-and-seek with other houses, and forgotten the way out again. It was old enough now, and dreary enough, for nobody lived in it but Scrooge, the other rooms being all let out as offices. The yard was so dark that even Scrooge, who knew its every stone, was fain to grope with his hands. The fog and frost so hung about the black old gateway of the house, that it seemed as if the Genius of the Weather sat in mournful meditation on the threshold.

—¡Pobre fundamento para meter la mano en el bolsillo de un hombre todos los 25 de Diciembre, dijo Scrooge abotonándose la levita hasta el cuello. Supongo que necesitareis todo el dia, pero confío en que me indemnizareis pasado mañana viniendo más temprano.

El dependiente lo prometió y Scrooge salió refunfuñando. El almacén quedó cerrado en un santiamen; y el dependiente, dejando colgar las dos puntas de su tapabocas hasta el borde de la chaqueta (pues no se permitía el lujo de vestir gaban), echó á todo correr en dirección á su morada para jugar á la gallina ciega.

Scrooge comió en el mezquino bodegón donde lo hacía comúnmente. Después de haber leído todos los periódicos, y ocupado el resto de la noche en recorrer su libro de cuentas, se dirigió á su casa para acostarse. Residía en la misma habitación que su antiguo asociado, compuesta de una hilera de aposentos oscuros, los cuales formaban parte de un antiguo y sombrío edificio, situado á la extremidad de una callejuela, de la que se despegaba tanto que no parecía sino que, habiendo ido á encajarse allí en su juventud, jugando al escondite con otras casas, no había sabido después encontrar el camino para volverse. Era un edificio antiguo y muy triste porque nadie vivía en él, exceptuando Scrooge: los otros compartimientos de la casa servían para despachos ó almacenes. El patio era tan oscuro que, sin embargo de conocerlo perfectamente Scrooge, se vió precisado á andar á tientas. La niebla y la escarcha cubrian de tal modo el añoso y sombrío porton de la casa, que se; mejaba la morada del genio del invierno, residente allí y absorbido en sus tristes meditaciones.

Now, it is a fact, that there was nothing at all particular about the knocker on the door, except that it was very large. It is also a fact, that Scrooge had seen it, night and morning, during his whole residence in that place; also that Scrooge had as little of what is called fancy about him as any man in the city of London, even including—which is a bold word—the corporation, aldermen, and livery. Let it also be borne in mind that Scrooge had not bestowed one thought on Marley, since his last mention of his seven years' dead partner that afternoon. And then let any man explain to me, if he can, how it happened that Scrooge, having his key in the lock of the door, saw in the knocker, without its undergoing any intermediate process of change—not a knocker, but Marley's face.

Marley's face. It was not in impenetrable shadow as the other objects in the yard were, but had a dismal light about it, like a bad lobster in a dark cellar. It was not angry or ferocious, but looked at Scrooge as Marley used to look: with ghostly spectacles turned up on its ghostly forehead. The hair was curiously stirred, as if by breath or hot air; and, though the eyes were wide open, they were perfectly motionless. That, and its livid colour, made it horrible; but its horror seemed to be in spite of the face and beyond its control, rather than a part of its own expression.

As Scrooge looked fixedly at this phenomenon, it was a knocker again.

La verdad es que el aldabón no ofrecia nada de especial, sino que era muy grande. La verdad es, repito, que Scrooge lo había visto por la mañana y por la tarde, todos los días, desde que habitaba en aquel edificio, y que en cuanto á eso que llaman imaginación, poscia tan poca como cualquier otro vecino de la City, incluso, aunque sea temerario decirlo, sus individuos de ayuntamiento. Es indispensable, además, tener en cuenta que Scrooge no habia pensado, ni una sola vez, en Marley despues del fallecimiento de su socio, ocurrido siete años antes, excepto aquella tarde. Ahora que me diga alguien, si sabe, cómo fué que Scrooge, en el momento de introducir la llave en la cerradura, vió en el aldabon, y esto sin pronunciar ningun conjuro, no un aldabon, sino la figura de Marley.

Sí; indudablemente; la misma figura de Marley. Y no era una sombra invisible como la de los demás objetos del patio, sino que parecía estar rodeada de un fulgor siniestro semejante al de un salmon podrido y guardado en un lugar oscuro. Su expresion no tenia nada que significase ira ó ferocidad; pero miraba á Scrooge, como Marley solia hacerlo, con sus anteojos do espectro levantado sobre su frente de aparecido. La cabellera se agitaba de una manera singular, como movida por un soplo ó vapor cálido, y aunque tenia los ojos desmesuradamente abiertos los conservaba inmóviles. Esta circunstancia y el color lívido de la figura la hacian horrorosa, pero el horror que experimentaba Scrooge á la vista de ella no era consecuencia de la figura, sino que precedia de él mismo, no de la expresión del rostro del aparecí lo.

Así que se hubo fijado más atentamente no vió más que un aldabon.

To say that he was not startled, or that his blood was not conscious of a terrible sensation to which it had been a stranger from infancy, would be untrue. But he put his hand upon the key he had relinquished, turned it sturdily, walked in, and lighted his candle.

He *did* pause, with a moment's irresolution, before he shut the door; and he *did* look cautiously behind it first, as if he half expected to be terrified with the sight of Marley's pigtail sticking out into the hall. But there was nothing on the back of the door, except the screws and nuts that held the knocker on, so he said "Pooh, pooh!" and closed it with a bang.

The sound resounded through the house like thunder. Every room above, and every cask in the wine-merchant's cellars below, appeared to have a separate peal of echoes of its own. Scrooge was not a man to be frightened by echoes. He fastened the door, and walked across the hall, and up the stairs; slowly too: trimming his candle as he went.

You may talk vaguely about driving a coach-and-six up a good old flight of stairs, or through a bad young Act of Parliament; but I mean to say you might have got a hearse up that staircase, and taken it broadwise, with the splinter-bar towards the wall and the door towards the balustrades: and done it easy. There was plenty of width for that, and room to spare; which is perhaps the reason why Scrooge thought he saw a locomotive hearse going on before him in the gloom. Half-a-dozen gas-lamps out of the street wouldn't have lighted the entry too well, so you may suppose that it was pretty dark with Scrooge's dip.

Decir que no se estremeció ó que su sangre no sufrió una sacudida terrible, como no la habia sentido desde la infancia, seria faltar á la verdad; pero se sobrepuso, empuñó otra vez la llave le dió vuelta con movimiento brusco, entró y encendió la vela.

Estuvo un momento indeciso antes de cerrar la puerta, y por precaución miró detrás de ella, cual si temiera ver de nuevo á Marley con su larga coleta, adelantándose por el vestíbulo; pero nada encontró, fuera de los tornillos que sujetaban el aldabon á la madera. Bah, bah! exclamó más tranquilo; y cerró con ímpetu.

El estruendo retumbó en toda la casa al igual de un trueno. Las habitaciones superiores, y los toneles que el almacenista de vinos guardaba en sus bodegas, produjeron un sonido particular como tomando parte en aquel concierto de ecos. Scrooge no era hombre á quien asustaran los ecos. Cerró sólidamente la puerta, cruzó el vestíbulo, y subió la escalera cuidando al paso de apretar bien la vela.

Hablais algunas veces de las anchurosas escaleras de los edificios antiguos, en las cuales cabe perfectamente una carroza arrastrada por seis caballos, pero os aseguro que la de Scrooge era mayor, porque habia capacidad en ella para contener un carruaje fúnebre subiéndolo cruzado con las portezuelas mirando á los tramos de escalera y la lanza tocando al muro: empresa fácil pues quedaba espacio para más. Sin dada se le figuró por eso á Scrooge, que veía andar delante de él en la oscuridad un cortejo fúnebre. Con una media docena de farolas de gas no hubiera habido suficiente para iluminar el vestíbulo: ya podeis figuraros la claridad que habria con la vela de Scrooge.

Up Scrooge went, not caring a button for that. Darkness is cheap, and Scrooge liked it. But before he shut his heavy door, he walked through his rooms to see that all was right. He had just enough recollection of the face to desire to do that.

The sitting-room, bedroom, lumber-room. All as they should be. Nobody under the table, nobody under the sofa; a small fire in the grate; spoon and basin ready; and the little saucepan of gruel (Scrooge had a cold in his head) upon the hob. Nobody under the bed; nobody in the closet; nobody in his dressing-gown, which was hanging up in a suspicious attitude against the wall. Lumber-room as usual. Old fire-guard, old shoes, two fish-baskets, washing-stand on three legs, and a poker.

Quite satisfied, he closed his door, and locked himself in; double-locked himself in, which was not his custom. Thus secured against surprise, he took off his cravat; put on his dressing-gown and slippers, and his nightcap; and sat down before the fire to take his gruel.

It was a very low fire indeed; nothing on such a bitter night. He was obliged to sit close to it, and brood over it, before he could extract the least sensation of warmth from such a handful of fuel. The fireplace was an old one, built by some Dutch merchant long ago, and paved all round with quaint Dutch tiles, designed to illustrate the Scriptures. There were Cains and Abels, Pharaoh's daughters; Queens of Sheba, Angelic messengers descending through the air on clouds like feather-beds, Abrahams, Belshazzars, Apostles putting off to sea in butter-boats, hundreds of figures to attract his thoughts; and yet that face of Marley, seven years dead, came like the ancient Prophet's rod, and swallowed up the whole.

El continuaba su ascension sin cuidarse de nada ya. La oscuridad es muy barata y por eso Scrooge la quería mucho; pero antes de cerrar la pesada puerta de su habitacion, reconoció los aposentos de ésta, para ver si todo se hallaba en orden: acaso adaptó tal precaucion, abordándose ligeramente de la inquietud que la misteriosa figura le había causado.

El salón, la alcoba, los departamentos de desahogo, todo estaba en órden. Nadie habia debajo de la mesa; nadie en el sofá. En el fogon lucia un mísero fuego: la cuchara y la taza estaban ya dispuestas y sobre las ascuas un peralillo con agua de avena (porque Scrooge padecia un constipado de cabeza). A nadie encontró debajo de la cama; á nadie en su gabinete; á nadie dentro de la bata que estaba, en forma sospechosa, pendiente de un clavo.

Completamente tranquilo ya, Scrooge cerró la puerta con doble vuelta, precaucion que no tomaba nunca, y asegurado contra toda sorpresa, se quitó la corbata, se puso la bata, las zapatillas y el gorro de dormir, y se sentó delante del fuego para tomar el cocimiento de avena.

El fuego era positivamente mísero; tan mísero que no servia para nada en una noche como aquella. Scrooge se vió precisado á aproximarse mucho á él, á cobijarlo, digámoslo así, para experimentar alguna sensacion de calor. El cuerpo del fogon construido hacia mucho tiempo, por algun fabricante holandés, estaba recubierto de azulejos flamencos donde se veian representadas escenas de la Sagrada Escritura. Habia Abel y Cain, hijos de Faraon, reinas de Sabá, ángeles bajando del cielo sobre nubes que se parecian á lechos de pluma, Abraham, Baltasar, apóstoles embarcándose en esquifes á modo de salseras; cientos de figuras capaces de distraer la imaginacion de Scrooge, y sin embargo el rostro de Marley sobrepujaba á todo.

If each smooth tile had been a blank at first, with power to shape some picture on its surface from the disjointed fragments of his thoughts, there would have been a copy of old Marley's head on every one.

"Humbug!" said Scrooge; and walked across the room.

After several turns, he sat down again. As he threw his head back in the chair, his glance happened to rest upon a bell, a disused bell, that hung in the room, and communicated for some purpose now forgotten with a chamber in the highest story of the building. It was with great astonishment, and with a strange, inexplicable dread, that as he looked, he saw this bell begin to swing. It swung so softly in the outset that it scarcely made a sound; but soon it rang out loudly, and so did every bell in the house.

This might have lasted half a minute, or a minute, but it seemed an hour. The bells ceased as they had begun, together. They were succeeded by a clanking noise, deep down below; as if some person were dragging a heavy chain over the casks in the wine-merchant's cellar. Scrooge then remembered to have heard that ghosts in haunted houses were described as dragging chains.

The cellar-door flew open with a booming sound, and then he heard the noise much louder, on the floors below; then coming up the stairs; then coming straight towards his door.

"It's humbug still!" said Scrooge. "I won't believe it."

Si cada uno de aquellos azulejos hubiera empezado por tener las figuras borradas, y la facultad de imprimir en su superficie algo de los pensamientos sueltos de Scrooge, cada azulejo habria presentado la cabeza del viejo Marley.

—Necedades, dijo Scrooge y dió á recorrer la habitacion.

Despues de algunas vueltas se sentó. Como tenia la cabeza echada hácia atrás, sobre el respaldo de la butaca, sus ojos se detuvieron, por casualidad, en una campanilla que ya no servia, suspendida del techo y que comunicaba con el último piso del edificio, para un objeto desconocido.

Con la mayor sorpresa, con inexplicable terror, observó Scrooge que ver la campanilla y ponerse ésta en movimiento fué todo uno. Al principio se balanceaba suavemente, tanto que apenas producia sonido; pero muy luego aumentó este considerablemente y todas las campanillas de la casa acompañaron á la primera.

El repiqueteo no duró más que medio minuto ó un minuto, mas á Scrooge se le figuró tan prolongado como una hora. Las campanillas terminaron cual si todas hubieran empezado á la vez. A este ruido sucedió otro de hierros que procedía de los subterráneos, como si alguien arrastrase una larga cadena sobre los toneles del almacenista de vinos. Scrooge recordó entonces haber oido referir, que en las casas donde existian duendes, éstos se presentaban siempre con cadenas.

La puerta de los subterráneos se abrió con estrépito, y el ruido se hizo perceptible en el piso bajo; despues en la escalera, hasta que, por último, se fué acercando á la puerta.

—Lo dicho. Tonterías; exclamó Scrooge: no creo en ellas.

His colour changed though, when, without a pause, it came on through the heavy door, and passed into the room before his eyes. Upon its coming in, the dying flame leaped up, as though it cried, "I know him; Marley's Ghost!" and fell again.

The same face: the very same. Marley in his pigtail, usual waistcoat, tights and boots; the tassels on the latter bristling, like his pigtail, and his coat-skirts, and the hair upon his head. The chain he drew was clasped about his middle. It was long, and wound about him like a tail; and it was made (for Scrooge observed it closely) of cash-boxes, keys, padlocks, ledgers, deeds, and heavy purses wrought in steel. His body was transparent; so that Scrooge, observing him, and looking through his waistcoat, could see the two buttons on his coat behind.

Scrooge had often heard it said that Marley had no bowels, but he had never believed it until now.

No, nor did he believe it even now. Though he looked the phantom through and through, and saw it standing before him; though he felt the chilling influence of its death-cold eyes; and marked the very texture of the folded kerchief bound about its head and chin, which wrapper he had not observed before; he was still incredulous, and fought against his senses.

"How now!" said Scrooge, caustic and cold as ever. "What do you want with me?"

"Sin embargo mudó muy pronto de color porque vió al espectro, que atravesando sin la menor dificultad por la maciza puerta fué á colocarse ante él.

Cuando la aparicion penetraba, el mezquino fuego despidió un resplandor fugaz como diciendo: lo conozco: es el espectro de Marley, y se extinguió.

La misma cara, absolutamente la misma. Marley con su puntiaguda coleta, su chaleco habitual, sus pantalones ajustados, y sus botas, cuyas borlas de seda se balanceaban á compás con la coleta, con los faldones de la casaca, y con el tupé.

La cadena con la que tanto ruido hacia la llevaba ceñida á la cintura, y era tan larga que le rodeaba todo el cuerpo, como si fuera un prolongado rabo: estaba hecha (porque Scrooge la observó de muy cerca) de arcas de seguridad, de llaves, de candados, de grandes libros, de papelotes y de bolsas muy pesadas de acero. El cuerpo del espíritu, se transparentaba hasta un extremo tal, que Scrooge, examinándole detenidamente á través del chaleco, pudo ver los botones que adornaban por detrás la casaca.

Scrooge habia oido referir quo Marley estaba desprovisto de entrañas, pero hasta aquel momento no se convenció.

No, y aun Do lo creía. Por más que pudiese investigar con la mirada las cavidades interiores del espectro; por más que sintiera la influencia glacial de aquellas pupilas heladas por la muerte; por más que se fijaba hasta en el tejido del pañuelo que cabria la cabeza así como la barba de la aparicion; detalle antes descuidado por Scrooge, aun se resistia á creer en lo que sus sentidos le manifestaban.

— ¿Qué quiere decir esto? preguntó Scrooge tan cáustico y tan frio como de costumbre. ¿Qué deseáis de mí?

"Much!"—Marley's voice, no doubt about it.

"Who are you?"

"Ask me who I *was*."

"Who *were* you then?" said Scrooge, raising his voice. "You're particular, for a shade." He was going to say "*to* a shade," but substituted this, as more appropriate.

"In life I was your partner, Jacob Marley."

"Can you—can you sit down?" asked Scrooge, looking doubtfully at him.

"I can."

"Do it, then."

Scrooge asked the question, because he didn't know whether a ghost so transparent might find himself in a condition to take a chair; and felt that in the event of its being impossible, it might involve the necessity of an embarrassing explanation. But the ghost sat down on the opposite side of the fireplace, as if he were quite used to it.

"You don't believe in me," observed the Ghost.

"I don't," said Scrooge.

"What evidence would you have of my reality beyond that of your senses?"

"I don't know," said Scrooge.

"Why do you doubt your senses?"

"Because," said Scrooge, "a little thing affects them. A slight disorder of the stomach makes them cheats. You may be an undigested bit of beef, a blot of mustard, a crumb of cheese, a fragment of an underdone potato. There's more of gravy than of grave about you, whatever you are!"

—Muchas cosas.

Era indudablemente la voz de Marley.

¿Quién sois?

—Preguntad mejor: ¿quién habéis sido?

— ¿Quién habeis sido, pues? dijo Scrooge levantando la voz. Muy castizo estais para ser una sombra.

— En el mundo fuí socio vuestro.

— ¿Podeis... podeis sentaros? preguntó Scrooge con aire de duda.

—Puedo.

—Entonces hacedlo.

Scrooge formuló la pregunta porque ignoraba si un espectro tan transparente podria encontrarse en las condiciones necesarias para tomar asiento, y consideraba que á ser esto, por casualidad, imposible, lo pondría en el caso de dar explicaciones muy difíciles; pero el fantasma se sentó frente á, frente, al otro lado de la chimenea, como si estuviera muy avezado á ello.

— ¿No creeis en mí? preguntó el fantasma.

—No, contestó Scrooge.

— ¿Qué prueba quereis de mi realidad, además del testimonio de vuestros sentidos?

—No sé á punto fijo.

— ¿Por qué dudais de vuestros sentidos?

—Porque la menor cosa basta para alterarlos. Basta con un ligero desarreglo en el estómago para que nos engañen, y podría ser muy bien quevos no fuérais más que una tajada de carne mal digerida; media cuch arada de mostaza; un pedazo de queso; una partícula de patata mal cocida. ¡Quien quiera que seais, me parece que sois un muerto que huele á cerveza más que lá ataúd!

Scrooge was not much in the habit of cracking jokes, nor did he feel, in his heart, by any means waggish then.

The truth is, that he tried to be smart, as a means of distracting his own attention, and keeping down his terror; for the spectre's voice disturbed the very marrow in his bones.

To sit, staring at those fixed glazed eyes, in silence for a moment, would play, Scrooge felt, the very deuce with him. There was something very awful, too, in the spectre's being provided with an infernal atmosphere of its own. Scrooge could not feel it himself, but this was clearly the case; for though the Ghost sat perfectly motionless, its hair, and skirts, and tassels, were still agitated as by the hot vapour from an oven.

"You see this toothpick?" said Scrooge, returning quickly to the charge, for the reason just assigned; and wishing, though it were only for a second, to divert the vision's stony gaze from himself.

"I do," replied the Ghost.

"You are not looking at it," said Scrooge.

"But I see it," said the Ghost, "notwithstanding."

"Well!" returned Scrooge, "I have but to swallow this, and be for the rest of my days persecuted by a legion of goblins, all of my own creation. Humbug, I tell you! humbug!"

Scrooge no acostumbraba á hacer retruécanos, y verdaderamente entonces no se hallaba muy en disposición de hacerlos.

En realidad lo que quería en toda aquella broma era distraerse y dominar su espanto, porque el acento del fantasma le producía frio hasta en la médula de los huesos.

Permanecer sentado, siquiera por breves instantes, con la mirada fija en los vidriosos ojos del espectro, constituia para Scrooge una prueba infernal. Además, en aquella diabólica atmósfera que circundaba al aparecido, había algo positivamente terrible. A Scrooge no le era dado experimentarla por sí mismo, mas no por eso dejaba de ser cierta, pues aunque el espectro permanecía sentado é inmóvil, sus cabellos, sus vestiduras y las borlas de sus botas, se movían á impulsos de un vapor cálido como el que se desprende de un horno.

—¿Veis este limpia-dientes? dijo Scrooge volviendo á su sistema, con objeto de sobreponerse al espanto que le poseía, y de apartar de sí aunque no fuera más que por un segundo, la mirada del aparecido, fria como el mármol.

—Sí.

—Pero si no lo mirais.

—Eso no impide que lo vea.

—¡Pues bien!; si ahora me lo tragara, durante lo que me queda de existencia me veria asediado por una multitud de diablillos, pura creación de mi mente. ¡Tontería; os digo que es una tontería!

At this the spirit raised a frightful cry, and shook its chain with such a dismal and appalling noise, that Scrooge held on tight to his chair, to save himself from falling in a swoon. But how much greater was his horror, when the phantom taking off the bandage round its head, as if it were too warm to wear indoors, its lower jaw dropped down upon its breast!

Scrooge fell upon his knees, and clasped his hands before his face.

"Mercy!" he said. "Dreadful apparition, why do you trouble me?"

"Man of the worldly mind!" replied the Ghost, "do you believe in me or not?"

"I do," said Scrooge. "I must. But why do spirits walk the earth, and why do they come to me?"

"It is required of every man," the Ghost returned, "that the spirit within him should walk abroad among his fellowmen, and travel far and wide; and if that spirit goes not forth in life, it is condemned to do so after death. It is doomed to wander through the world—oh, woe is me!—and witness what it cannot share, but might have shared on earth, and turned to happiness!"

Again the spectre raised a cry, and shook its chain and wrung its shadowy hands.

"You are fettered," said Scrooge, trembling. "Tell me why?"

"I wear the chain I forged in life," replied the Ghost. "I made it link by link, and yard by yard; I girded it on of my own free will, and of my own free will I wore it. Is its pattern strange to *you?*"

Al oír el espectro semejante palabra, dió un terrible alarido y sacudió su larga cadena, causando un estruendo tan aterrador y tan lúgubre que Scrooge se agarró á la silla para no caer desvanecido. Pero aumentó horror al observar que el fantasma, quitándose el pañuelo que le rodeaba la cabeza, como si sintiese la necesidad de hacerlo á causa de la temperatura de la estancia, dejó desprenderse la mandíbula inferior, que le quedó colgando sobre el pecho.

Scrooge arrodilló ocultando la cara con las manos.

— ¡Misericordia! dijo. Terrorífica aparicion, ¿por qué vienes á atormentarme?

—Alma mundanal, ¿crees ó no crees en mí?

—Creo, dijo Scrooge, pues no hay otro remedio. Mas ¿por qué pasean el mundo los espíritus y vienen á buscarme?

— Porque es una obligación do todos los hombres que el alma contenida en ellos se mezcle con las de sus semejantes y viaje por el mundo: si no lo verifica durante la vida, está condenada á practicarlo después de la muerte; compelida á vagar ¡desdichado de mí! por el mundo y á ser testigo inútil de muchas cosas en las que no le es dado tener parte, siendo así que hubiera podido gozar de ellas en la tierra como los demás, utilizándolas para su dicha.

El aparecido lanzó un grito, sacudió la cadena y se retorció las fantásticas manos.

—¿Estais encadenado? preguntó Scrooge; ¿por qué?

—Arrastro la cadena que durante toda mi vida he forjado yo mismo, respondió el fantasma. Yo soy quien la ha labrado eslabón á eslabón, vara á vara. Yo quien la ha ceñido á mi cuerpo libremente y por mi propia voluntad, para arrastrarla siempre, porque ese es mi gusto. El modelo se os presenta bien singular ¿no es cierto?

Scrooge trembled more and more.

"Or would you know," pursued the Ghost, "the weight and length of the strong coil you bear yourself? It was full as heavy and as long as this, seven Christmas Eves ago. You have laboured on it, since. It is a ponderous chain!"

Scrooge glanced about him on the floor, in the expectation of finding himself surrounded by some fifty or sixty fathoms of iron cable: but he could see nothing.

"Jacob," he said, imploringly. "Old Jacob Marley, tell me more. Speak comfort to me, Jacob!"

"I have none to give," the Ghost replied. "It comes from other regions, Ebenezer Scrooge, and is conveyed by other ministers, to other kinds of men. Nor can I tell you what I would. A very little more is all permitted to me. I cannot rest, I cannot stay, I cannot linger anywhere. My spirit never walked beyond our counting-house—mark me!—in life my spirit never roved beyond the narrow limits of our money-changing hole; and weary journeys lie before me!"

It was a habit with Scrooge, whenever he became thoughtful, to put his hands in his breeches pockets. Pondering on what the Ghost had said, he did so now, but without lifting up his eyes, or getting off his knees.

"You must have been very slow about it, Jacob," Scrooge observed, in a business-like manner, though with humility and deference.

"Slow!" the Ghost repeated.

"Seven years dead," mused Scrooge. "And travelling all the time!"

Scrooge temblaba más cada vez.

—¿Quereis saber, continuó el espectro, el peso y la longitud de la enorme cadena que os preparáis? Hace hoy siete años era tan larga y tan pesada como ésta; después habéis continuado aumentándola: buena cadena es ya.

Scrooge miró alrededor de sí, creyendo divisarla tendida todo lo dilatada que debia ser por el piso; mas es la vió.

—Marley, exclamó con aire suplicante; mi viejo Marley, háblame; díme algunas palabras de consuelo.

—Ninguna tengo que decirte. Los consuelos vienen de otra parte, Scrooge, y los traen otros seres á otra clase de hombres que vos.

Ni puedo deciros todo lo que desearía, porque dispongo de muy poco tiempo. No puedo descansar, no puedo detenerme, no puedo permanecer en ninguna parte. Mi alma no se separó nunca de mi mostrador; no traspasó, como sabeis, los reducidos límites de nuestro despacho, y hé aquí por qué ahora tengo necesidad de hacer tantos penosos viajes.

Scrooge seguia la costumbre de meterse las manos en los bolsillos del pantalon cuando se entregaba á sus meditaciones.

Reflexionando sobre lo que le había dicho el fantasma, hizo como se acaba de indicar, pero continuando arrodillado y con los ojos bajos.

—Muy retrasado do beis estar, Marley, dijo, con humildad y deferencia Scrooge, que nunca dejaba de ser hombre de negocios.

— ¡Retrasado! repitió el fantasma.

—Lleváis ya siete anos de muerto y aun dura vuestro viaje.

"The whole time," said the Ghost. "No rest, no peace. Incessant torture of remorse."

"You travel fast?" said Scrooge.

"On the wings of the wind," replied the Ghost.

"You might have got over a great quantity of ground in seven years," said Scrooge.

The Ghost, on hearing this, set up another cry, and clanked its chain so hideously in the dead silence of the night, that the Ward would have been justified in indicting it for a nuisance.

"Oh! captive, bound, and double-ironed," cried the phantom, "not to know, that ages of incessant labour by immortal creatures, for this earth must pass into eternity before the good of which it is susceptible is all developed. Not to know that any Christian spirit working kindly in its little sphere, whatever it may be, will find its mortal life too short for its vast means of usefulness. Not to know that no space of regret can make amends for one life's opportunity misused! Yet such was I! Oh! such was I!"

"But you were always a good man of business, Jacob," faltered Scrooge, who now began to apply this to himself.

"Business!" cried the Ghost, wringing its hands again. "Mankind was my business. The common welfare was my business; charity, mercy, forbearance, and benevolence, were, all, my business. The dealings of my trade were but a drop of water in the comprehensive ocean of my business!"

It held up its chain at arm's length, as if that were the cause of all its unavailing grief, and flung it heavily upon the ground again.

—Durante ese tiempo no habido para mí tregua ni reposo: siempre he estado bajo el torcedor del remordimiento.

—¿Viajáis de prisa?

— En las alas del viento.

— Mucho habeis debido ver en siete años.

Al oir esto el aparecido dió un tercer grito, y produjo con su cadena un choque tan horrible, en medio del silencio de la noche, que á oirlo la ronda, hubiera tenido motivo para aprehender á aquellos perturbadores del sosiego público.

— ¡Oh! cautivo, encadenado, lleno de hierros, exclamó, por no haber tenido presente que todos los hombres deben asociarse para el grao trabajo de la humanidad, prescrito por el Ser Supremo; para perpetuar el progreso, porque este globo debe desaparecer en la eternidad, antes de haber desarrollado el bien de que es susceptible: por no haber tenido presente que la multitud de nuestros tristes recuerdos, no podia compensar las ocasiones que hemos desaprovechado en nuestra vida, y con todo, así me he conducido, desdichado de mí; así me he conducido.

—Sin embargo os mostrásteis siempre como hombre exacto y como inteligente en negocios, balbuceó Scrooge, que empezaba á reponerse un poco.

—¡Los negocios! gritó el aparecido, retorciéndose de nuevo las manos. La humanidad era mi negocio: el bien general era mi negocio: la caridad, la misericordia, la benevolencia eran mis negocios. Las operaciones del comercio no constituían más que una gota de agua en el vasto mar de mis negocios.

Y levantando la cadena todo lo que permitia el brazo, como para mostrar la causa de sus esteriles lamentos, la dejó caer pesa-monto en tierra.

51

"At this time of the rolling year," the spectre said, "I suffer most. Why did I walk through crowds of fellow-beings with my eyes turned down, and never raise them to that blessed Star which led the Wise Men to a poor abode! Were there no poor homes to which its light would have conducted *me!*"

Scrooge was very much dismayed to hear the spectre going on at this rate, and began to quake exceedingly.

"Hear me!" cried the Ghost. "My time is nearly gone."

"I will," said Scrooge. "But don't be hard upon me! Don't be flowery, Jacob! Pray!"

"How it is that I appear before you in a shape that you can see, I may not tell. I have sat invisible beside you many and many a day."   It was not an agreeable idea. Scrooge shivered, and wiped the perspiration from his brow.

"That is no light part of my penance," pursued the Ghost. "I am here to-night to warn you, that you have yet a chance and hope of escaping my fate. A chance and hope of my procuring, Ebenezer."

"You were always a good friend to me," said Scrooge. "Thank'ee!"

"You will be haunted," resumed the Ghost, "by Three Spirits."

Scrooge's countenance fell almost as low as the Ghost's had done.

"Is that the chance and hope you mentioned, Jacob?" he demanded, in a faltering voice.

"It is."

"I—I think I'd rather not," said Scrooge.

—En esta época del año es cuando sufro más, murmuró el espectro. ¿Por qué he cruzado yo, á través de la multitud de mis semejantes, siempre fijos los ojos en los asuntos de la tierra, sin levantarlos nunca hacia esa fulgurante estrella que sirvió de guía á los reyes magos hasta el pobre albergue de Jesús? ¿No existían otros pobres albergues hacía los cuales hubiera podido conducirme con su luz la estrella?

Scrooge estaba asustado de oír explicarse al aparecido en semejante tono, y se puso á temblar.

—Escúchame, le dijo el fantasma: mi plazo va á terminar pronto.

—Escucho, replicó Scrooge, pero excusad todo lo posible y no os permitáis mucha retórica: os lo ruego.

—Por qué he podido presentarme así, en forma para vos conocida, lo desconozco. Muchas veces os he acompañado pero permaneciendo invisible.

Como esta indicacion no encerraba nada de agradable, Scrooge sintió escalofríos y sudores de muerte.

—Y no consiste en esto mi menor suplicio, continuó el espectro... Estoy aquí para deciros que aún os queda una probabilidad de salvación; una probabilidad y una esperanza que os proporcionaré.

—Os mostrais siempre buen amigo mío: gracias.

—Os van á visitar tres espíritus, siguió el espectro.

El rostro de Scrooge tomó su color tan lívido como el de su interlocutor.

—¿Son esas la probabilidad y la esperanza de que me hablabais? — preguntó con desfallecimiento.

—Sí.

—Creo... creo... que seria mejor que no se presentaran, dijo Scrooge.

"Without their visits," said the Ghost, "you cannot hope to shun the path I tread. Expect the first to-morrow, when the bell tolls One."

"Couldn't I take 'em all at once, and have it over, Jacob?" hinted Scrooge.

"Expect the second on the next night at the same hour. The third upon the next night when the last stroke of Twelve has ceased to vibrate. Look to see me no more; and look that, for your own sake, you remember what has passed between us!"

When it had said these words, the spectre took its wrapper from the table, and bound it round its head, as before. Scrooge knew this, by the smart sound its teeth made, when the jaws were brought together by the bandage. He ventured to raise his eyes again, and found his supernatural visitor confronting him in an erect attitude, with its chain wound over and about its arm.

The apparition walked backward from him; and at every step it took, the window raised itself a little, so that when the spectre reached it, it was wide open.

It beckoned Scrooge to approach, which he did. When they were within two paces of each other, Marley's Ghost held up its hand, warning him to come no nearer. Scrooge stopped. Not so much in obedience, as in surprise and fear: for on the raising of the hand, he became sensible of confused noises in the air; incoherent sounds of lamentation and regret; wailings inexpressibly sorrowful and self-accusatory. The spectre, after listening for a moment, joined in the mournful dirge; and floated out upon the bleak, dark night. Scrooge followed to the window: desperate in his curiosity. He looked out.

—Sin sus visitas caeríais en la misma desgracia que yo. Aguardad la presentacion del primero así que el reloj dé la una.

— ¿No podrian venir todos juntos para que acabáramos de una vez? insinuó Scrooge.

—Aguardad al segundo en la siguiente noche y á la misma hora, y al tercero en la subsiguiente, así que haya sonado la última campanada de las doce. No contéis con volverme á ver; pero por conveniencia vuestra, cuidad de acordaros de lo que acaba de suceder entre nosotros.

Despues de estas palabras el espectro recogió el pañuelo que estaba encima de la mesa, y se lo ciñó como lo tenia al principio, por la cabeza y por la barba. Scrooge lo notó por el ruido eso que hicieron las mandíbulas al ajustarse con la sujecion. Entonces se determinó á alzar los ojos, y vió al aparecido delante de él, puesto de pié, y llevando arrollada al brazo la cadena.

La aparición se puso en marcha, caminando hácia atrás. A cada paso suyo se levantaba un poco la ventana, de suerte que cuando el espectro llegó á ella se hallaba completamente abierta.

Hizo una señal á Scrooge para que se acercara y éste obedeció. Cuando estuvieron á dos pasos el uno del otro, la sombra de Marley levantó el brazo é indicó á Scrooge que no se aproximase más. Scrooge se detuvo, no precisamente por obediencia, sino por sorpresa y temor, pues en el momento en que el fantasma levantó el brazo, se oyeron rumores y ruidos confusos en el aire, sonidos incoherentes de lamentaciones, voces de indecible tristeza, gemidos de remordimiento. El fantasma, despues de haber prestado atencion por un breve instante, se unió al lúgubre coro, desvanece éndose en el seno de aquella noche tan sombría. Scrooge fué tras él hasta la ventana y miró por ella dominado de insaciable curiosidad.

The air was filled with phantoms, wandering hither and thither in restless haste, and moaning as they went. Every one of them wore chains like Marley's Ghost; some few (they might be guilty governments) were linked together; none were free. Many had been personally known to Scrooge in their lives. He had been quite familiar with one old ghost, in a white waistcoat, with a monstrous iron safe attached to its ankle, who cried piteously at being unable to assist a wretched woman with an infant, whom it saw below, upon a door-step. The misery with them all was, clearly, that they sought to interfere, for good, in human matters, and had lost the power for ever.

Whether these creatures faded into mist, or mist enshrouded them, he could not tell. But they and their spirit voices faded together; and the night became as it had been when he walked home.

Scrooge closed the window, and examined the door by which the Ghost had entered. It was double-locked, as he had locked it with his own hands, and the bolts were undisturbed. He tried to say "Humbug!" but stopped at the first syllable. And being, from the emotion he had undergone, or the fatigues of the day, or his glimpse of the Invisible World, or the dull conversation of the Ghost, or the lateness of the hour, much in need of repose; went straight to bed, without undressing, and fell asleep upon the instant.

El espacio se hallaba lleno de fantasmas errantes, que iban de un lado para otro como almas en pena exhalando al paso tristes y profundos gemidos. Todos arrastraban una cadena como el espectro de Marley: algunos pocos (sin duda eran ministros cómplices de una misma política) flotaban encadenados juntos; ninguno en libertad. Varios otros eran conocidos de Scrooge.

Entre éstos habia particularmente un viejo fantasma, encerrado en un chaleco blanco que tenia adherido al pié un enorme anillo de hierro y que se quejaba lastimosamente de no poder prestar socorro á una desdichada mujer y á su hijo, á quienes veía por bajo de él, refugiados en un hueco de puerta.

El suplicio de todas aquellas sombras, consistía, evidentemente, en querer con ánsia, aunque sin resultado, mezclarse en las cosas mundanales para hacer algún bien, pero no podían.

Aquellos seres vaporosos se disiparon en la niebla, ó la niebla los envolvió en sus sombras. Scrooge no pudo averiguar nada.

Las sombras y sus voces se desvanecieron á la vez, y la noche volvió á tomar su primer aspecto.

Scrooge cerró la ventana, y examinó cuidadosamente la puerta por donde había entrado el espectro. Estaba cerrada con doble vuelta, según él la dejara, y el cerrojo corrido. Trató, como antes, de decir: tontería, pero se detuvo en la primera sílaba, parque sintiéndose acometido de una imperiosa necesidad de descansar, bien por las fatigas del día, ó de aquella breve contemplacion del mundo invisible, ó del triste diálogo sostenido con el espectro, ó de lo avanzado de la hora, se fué á la cama y acostándose, sin desnudarse, cayó en un profundo sueño.

STAVE TWO – THE FIRST OF THE THREE SPIRITS.

WHEN Scrooge awoke, it was so dark, that looking out of bed, he could scarcely distinguish the transparent window from the opaque walls of his chamber. He was endeavouring to pierce the darkness with his ferret eyes, when the chimes of a neighbouring church struck the four quarters. So he listened for the hour.

To his great astonishment the heavy bell went on from six to seven, and from seven to eight, and regularly up to twelve; then stopped. Twelve! It was past two when he went to bed. The clock was wrong. An icicle must have got into the works. Twelve!

He touched the spring of his repeater, to correct this most preposterous clock. Its rapid little pulse beat twelve: and stopped.

"Why, it isn't possible," said Scrooge, "that I can have slept through a whole day and far into another night. It isn't possible that anything has happened to the sun, and this is twelve at noon!"

The idea being an alarming one, he scrambled out of bed, and groped his way to the window. He was obliged to rub the frost off with the sleeve of his dressing-gown before he could see anything; and could see very little then. All he could make out was, that it was still very foggy and extremely cold, and that there was no noise of people running to and fro, and making a great stir, as there unquestionably would have been if night had beaten off bright day, and taken possession of the world. This was a great relief, because "three days after sight of this First of Exchange pay to Mr. Ebenezer Scrooge or his order," and so forth, would have become a mere United States' security if there were no days to count by.

SEGUNDA ESTROFA – EL PRIMERO DE LOS TRES ESPÍRITUS

Cuando Scrooge despertó reinaba tan grande oscuridad, que no le fue posible distinguir la transparencia de la ventana sobre el fondo de la pared. Trataba de inquirir con sus ojos de lince pero inútilmente. En esto, el reloj de una iglesia vecina empezó á sonar y Scrooge contó cuatro cuartos, pero con grande admiración suya la pausada campana dio siete golpes, después ocho y basta doce.

¡Media noche! Luego llevaba dos horas no más en la cama. El reloj iba mal. Sin duda algún carámbano de hielo debía haberse introducido en la maquinaria ¡Media noche!

Scrooge apretó el resorte de su reloj de repetición para asegurarse de la hora y rectificar la que había oído. El reloj de bolsillo dio también dote campanadas rápidamente y se detuvo.

¡No es posible que yo haya dormido todo un día y parte de una segunda noche! No es posible que le haya sucedido alguna cosa al sol y que sea media noche á medio día.

Como esta reflexión era para inquietarle, dejó la cama y se fue á la ventana. Tuvo que quitar con las mangas el hielo que había sobre los cristales para ver algo, y aun entonces no pudo divisar gran cosa. Única mente vio que la niebla era muy espesa, que bacía mucho frío y que las gentes no iban de un lado á otro atrafagadas, como hubiera ocurrido indudablemente á ser de día. Esto le tranquilizó, porque de lo contrario ¿qué hubiera sido de sus letras de cambio? «A tres días vista pagad á Mr. Scrooge ó á la orden de Mr. Scrooge,» y lo demás.

Scrooge went to bed again, and thought, and thought, and thought it over and over and over, and could make nothing of it. The more he thought, the more perplexed he was; and the more he endeavoured not to think, the more he thought.

Marley's Ghost bothered him exceedingly. Every time he resolved within himself, after mature inquiry, that it was all a dream, his mind flew back again, like a strong spring released, to its first position, and presented the same problem to be worked all through, "Was it a dream or not?"

Scrooge lay in this state until the chime had gone three quarters more, when he remembered, on a sudden, that the Ghost had warned him of a visitation when the bell tolled one. He resolved to lie awake until the hour was passed; and, considering that he could no more go to sleep than go to Heaven, this was perhaps the wisest resolution in his power.

The quarter was so long, that he was more than once convinced he must have sunk into a doze unconsciously, and missed the clock. At length it broke upon his listening ear.

"Ding, dong!"

"A quarter past," said Scrooge, counting.

"Ding, dong!"

"Half-past!" said Scrooge.

"Ding, dong!"

"A quarter to it," said Scrooge.

"Ding, dong!"

"The hour itself," said Scrooge, triumphantly, "and nothing else!"

Scrooge volvió á la cama, y se puso á penar y á repensar, una y mil veces, en lo que sucedía, sin comprender nada de ello. Cuanto más pensaba se confundía más, y cuanto trataba de pensar más pensaba.

El aparecido Marley le tenía fuera de quicio. Cada vez que, como final de un maduro examen, se determinaba, en su interior, á considerar todo aquello como puro sueño, su espíritu á semejanza de un resorte oprimido, que al soltarle toma su primitiva posición, le presentaba el mismo problema: ha sido ó no un sueño?

Así estuvo Scrooge hasta que el reloj de la iglesia marcó tres cuartos de hora más y de seguida hizo memoria del espíritu que debía presentarse á la una. Resolvió, pues, mantenerse despierto hasta que la hora hubiese pasado, considerando que tan difícil le seria dormir como tocar la luna: era el mejor acuerdo.

Aquel cuarto de hora le pareció tan largo que o reyó haberse adormecido á veces y dejado transcurrir el momento. Al fin oyó el reloj.

—Din, don.

—Un cuarto.

—Din, don.

—La media.

—Din, don.

—Tres cuartos.

—Din, don.

— ¡La hora, laboral exclamó Scrooge con júbilo: ninguno más viene.

He spoke before the hour bell sounded, which it now did with a deep, dull, hollow, melancholy ONE. Light flashed up in the room upon the instant, and the curtains of his bed were drawn.

The curtains of his bed were drawn aside, I tell you, by a hand. Not the curtains at his feet, nor the curtains at his back, but those to which his face was addressed. The curtains of his bed were drawn aside; and Scrooge starting up into a half-recumbent attitude, found himself face to face with the unearthly visitor who drew them: as close to it as I am now to you, and I am standing in the spirit at your elbow.

It was a strange figure—like a child: yet not so like a child as like an old man, viewed through some supernatural medium, which gave him the appearance of having receded from the view, and being diminished to a child's proportions. Its hair, which hung about its neck and down its back, was white as if with age; and yet the face had not a wrinkle in it, and the tenderest bloom was on the skin. The arms were very long and muscular; the hands the same, as if its hold were of uncommon strength. Its legs and feet, most delicately formed, were, like those upper members, bare. It wore a tunic of the purest white; and round its waist was bound a lustrous belt, the sheen of which was beautiful. It held a branch of fresh green holly in its hand; and, in singular contradiction of that wintry emblem, had its dress trimmed with summer flowers. But the strangest thing about it was, that from the crown of its head there sprung a bright clear jet of light, by which all this was visible; and which was doubtless the occasion of its using, in its duller moments, a great extinguisher for a cap, which it now held under its arm.

Hablaba antes de que la campana do las horas hubiese dado. Cuando llegó el momento de ella, despidiendo un sonido profundo, sordo, melancólico; la habitación se iluminó con claridad brillante y las cortinas de la cama fueron descorridas.

Digo que las cortinas de la cama fueron descorridas, por un lado y á impulso de una mano invisible; no las que había á la cabecera ó á los pies, sino as del lado hacía el que estaba vuelto Scrooge. Las cortinas de la cama fueron descorridas y Scrooge, incorporándose sentado, vio freno te á frente al ser fantástico que las descorría, y tan cerca de sí como yo lo estoy le tía; porque has de notar qué yo me hallo, en espíritu, á tu lado.

La figura era muy extraña... de un niño, y sin embargo, tan parecido á un niño como á un viejo, contemplado á través de una atmósfera sobrenatural, que le comunicaba la apariencia de hallarse á muy larga distancia, con lo que se disminuían sus proporciones hasta las de un niño. Su cabellera, que pendía hasta el cuello, era blanca como por efecto de la edad y con toda la aparición no mostraba arrugas. Tenía el cutis delicadamente sonrosado; los brazos largos y musculosos lo mismo que las manos, como si poseyera una fuerza poco común. Las piernas y los pies eran de irreprochable forma y en consonancia con lo demás del cuerpo. Vestía aña blanca túnica. El talle lo llevaba ceñido con un cordón de fulgurante luz y en la mano aña rama verde de acebo recién cortada: contrastando con este emblema del invierno la aparición estaba adornada de flores propias del estío. Pero lo más extraño de ella consistía en una llama deslumbrante que de la cabeza le brotaba, y merced á la cual hacía visible todos los objetos; por eso sin duda, en sus momentos de tristeza, se servía, como de sombrero, de un gran apagador que llevaba debajo del brazo.

Even this, though, when Scrooge looked at it with increasing steadiness, was *not* its strangest quality. For as its belt sparkled and glittered now in one part and now in another, and what was light one instant, at another time was dark, so the figure itself fluctuated in its distinctness: being now a thing with one arm, now with one leg, now with twenty legs, now a pair of legs without a head, now a head without a body: of which dissolving parts, no outline would be visible in the dense gloom wherein they melted away. And in the very wonder of this, it would be itself again; distinct and clear as ever.

"Are you the Spirit, sir, whose coming was foretold to me?" asked Scrooge.

"I am!"

The voice was soft and gentle. Singularly low, as if instead of being so close beside him, it were at a distance.

"Who, and what are you?" Scrooge demanded.

"I am the Ghost of Christmas Past."

"Long Past?" inquired Scrooge: observant of its dwarfish stature.

"No. Your past."

Perhaps, Scrooge could not have told anybody why, if anybody could have asked him; but he had a special desire to see the Spirit in his cap; and begged him to be covered.

"What!" exclaimed the Ghost, "would you so soon put out, with worldly hands, the light I give? Is it not enough that you are one of those whose passions made this cap, and force me through whole trains of years to wear it low upon my brow!"

Sin embargo, al contemplarle más de cerca, no fue este atributo lo que más le sorprendió á Scrooge. El resplandor que la cintura despedía era intermitente; no brillaba por todo su contorno á la vez, de suerte que en unas ocasiones aparecía la figura aglutinada por unos lados y en otras por otros, de lo que resultaban aspectos diferentes de ella. Unas veces aparecía un solo brazo con una sola pierna, ó bien veinte piernas, ó bien dos piernas sin cabeza, ó bien una cabeza sin cuerpo; los miembros, que se confundían en la sombra, no dejaban ver ni un selo perfil en la oscuridad que los circuía al desvanecerse la luz. Después, por una maravilla particular, tornaban á su prístino ser clara y visiblemente.

— ¿Sois, preguntó Scrooge, el espíritu cuya venida se me ha anunciado?

—Lo soy.

La voz era dulcísima, agradable, pero singularmente baja, como si en vez de hallarse allí se encontrara á muy larga distancia.

— ¿Quién sois?

—Soy el espíritu de la Noche Buena pasada.

— ¿Pasada hace mucho tiempo?

—No: vuestra última Noche Buena.

Acaso Scrooge no habría podido decir por qué, si so le hubiera preguntado; pero experimentaba un especialísimo deseo de ver al espíritu adornado con el apagador y le rogó que se cubriera.

— ¿Qué? exclamó el espectro, ¿querríais ya con profanas manos extinguir tan pronto la luz que de mí se irradia? ¿No es sufí dente que seáis uno de esos hombres cuyas pasiones egoístas me han fabricado este sombrero, y que me obligan á llevarlo á través de los siglos sobre la cabeza?

Scrooge reverently disclaimed all intention to offend or any knowledge of having wilfully "bonneted" the Spirit at any period of his life. He then made bold to inquire what business brought him there.

"Your welfare!" said the Ghost.

Scrooge expressed himself much obliged, but could not help thinking that a night of unbroken rest would have been more conducive to that end. The Spirit must have heard him thinking, for it said immediately:

"Your reclamation, then. Take heed!"

It put out its strong hand as it spoke, and clasped him gently by the arm.

"Rise! and walk with me!"

It would have been in vain for Scrooge to plead that the weather and the hour were not adapted to pedestrian purposes; that bed was warm, and the thermometer a long way below freezing; that he was clad but lightly in his slippers, dressing-gown, and nightcap; and that he had a cold upon him at that time. The grasp, though gentle as a woman's hand, was not to be resisted. He rose: but finding that the Spirit made towards the window, clasped his robe in supplication.

"I am a mortal," Scrooge remonstrated, "and liable to fall."

"Bear but a touch of my hand *there*," said the Spirit, laying it upon his heart, "and you shall be upheld in more than this!"

As the words were spoken, they passed through the wall, and stood upon an open country road, with fields on either hand. The city had entirely vanished. Not a vestige of it was to be seen. The darkness and the mist had vanished with it, for it was a clear, cold, winter day, with snow upon the ground.

66

Scrooge negó respetuosamente que abrigara propósitos de inferirle una ofensa, y protestó que en ninguna época de su vida había tratado, voluntariamente, de ponerle el apagador. Luego le preguntó por el motivo que le llevaba allí.

—Vuestra felicidad, contestó el espectro.

Scrooge manifestó su reconocimiento; pero no pudo menos de pensar que con una noche de descanso no interrumpido, se conseguirla mejor aquel objeto. Sin duda que le oyó pensar el espírita porque inmediatamente le dijo:

—Entonces... vuestra conversión... Tened cuidado.

Y mientras hablaba tendió su poderosa mano, y agarrándole suavemente del brazo.

—Levantaos y venid conmigo, añadió.

En vano hubiera protestado Scrooge que el tiempo y la hora no tenían nada de oportunos para un paseo á pié; que estaba muy caliente su lecho y el termómetro bajo cero; que sus vestidos no eran á propósito y que el constipado le mortificaba mucho. No babi modo de resistir el apretón de aquella mano, aunque suave como si fuera de mujer. Se levantó; pero observando que el espíritu iba hacia la ventana, lo agarró por la vestidura en actitud de súplica.

—Yo soy mortal, le dijo Scrooge, y podría muy bien caerme.

—Permitidme tan sólo que os toque ahí con la mano, repuso el espíritu poniéndosela á Scrooge sobre el corazón, y adquiriréis fuerzas para resistir muchas pruebas.

Y al renunciar estas palabras atravesaron por las paredes y salieron á una carretera situada en una hermosa campiña. La ciudad biaba desaparecido completamente: no se notaba ni la menor señal de ella.

"Good Heaven!" said Scrooge, clasping his hands together, as he looked about him. "I was bred in this place. I was a boy here!"

The Spirit gazed upon him mildly. Its gentle touch, though it had been light and instantaneous, appeared still present to the old man's sense of feeling. He was conscious of a thousand odours floating in the air, each one connected with a thousand thoughts, and hopes, and joys, and cares long, long, forgotten!

"Your lip is trembling," said the Ghost. "And what is that upon your cheek?"

Scrooge muttered, with an unusual catching in his voice, that it was a pimple; and begged the Ghost to lead him where he would.

"You recollect the way?" inquired the Spirit.

"Remember it!" cried Scrooge with fervour; "I could walk it blindfold."

"Strange to have forgotten it for so many years!" observed the Ghost. "Let us go on."

They walked along the road, Scrooge recognising every gate, and post, and tree; until a little market-town appeared in the distance, with its bridge, its church, and winding river. Some shaggy ponies now were seen trotting towards them with boys upon their backs, who called to other boys in country gigs and carts, driven by farmers. All these boys were in great spirits, and shouted to each other, until the broad fields were so full of merry music, that the crisp air laughed to hear it!

"These are but shadows of the things that have been," said the Ghost. "They have no consciousness of us."

La oscuridad y la niebla habían desaparecido también, porte era una día de invierno, claro y explotadito, aunque la tierra estaba cubierta de nieve.

—Dios miel exclamó Scrooge con las manos unidas, mientras que paseaba sus miradas en torne de sí, aquí fui educado, aquí pasé mi infancia.

El espíritu le miró con bondad. Su dulce tocamiento, aunque duró poco, había removido la sensibilidad del viejo. Los perfumes que aromaban el aire le producían el despertamiento de miles de alegrías, de ideas y de esperanzas, largos tiempos olvidados; ¡muy largos tiempo!

—Vuestros labios tiemblan, insinuó el espíritu. ¿Qué tenéis en la cara?

—Nada, contestó Scrooge con voz singularmente conmovida; no es el miedo lo que me ahueca las mejillas; no es nada; es un hoyuelo. Llevadme, o a lo suplico, adonde queréis.

—¿Recordáis el camino?

—¡Que si me acuerdo! exclamó Scrooge enardecido; podría ir con los ojos vendados.

—Es extraño que lo hayáis tenido olí' dado tanto tiempo.

Y se pusieron en marcha por la carretera. Scrooge reconocía cada puerta, cada árbol, hasta que se divisó en lontananza una aldehuela con su iglesia, su puente y su riachuelo de sinuoso curso. Unas cuantas juquillas de tendidas crines, se dirigían hacia ellos, montadas por niños, que llamaban á otros niños encaramados en carruajillos rústicos ó en carretas. Todos iban alborozados, gritando en variedad de tonos, y no parecía sino que el espacio se llenaba de aquella música tan alegre y que se ponía en vibración el aire.

—Esas son las sombras de lo pasado, observó el espíritu. No saben que las vemos.

The jocund travellers came on; and as they came, Scrooge knew and named them every one. Why was he rejoiced beyond all bounds to see them! Why did his cold eye glisten, and his heart leap up as they went past! Why was he filled with gladness when he heard them give each other Merry Christmas, as they parted at cross-roads and bye-ways, for their several homes! What was merry Christmas to Scrooge? Out upon merry Christmas! What good had it ever done to him?

"The school is not quite deserted," said the Ghost. "A solitary child, neglected by his friends, is left there still."

Scrooge said he knew it. And he sobbed.

They left the high-road, by a well-remembered lane, and soon approached a mansion of dull red brick, with a little weathercock-surmounted cupola, on the roof, and a bell hanging in it. It was a large house, but one of broken fortunes; for the spacious offices were little used, their walls were damp and mossy, their windows broken, and their gates decayed.

Fowls clucked and strutted in the stables; and the coach-houses and sheds were over-run with grass. Nor was it more retentive of its ancient state, within; for entering the dreary hall, and glancing through the open doors of many rooms, they found them poorly furnished, cold, and vast. There was an earthy savour in the air, a chilly bareness in the place, which associated itself somehow with too much getting up by candle-light, and not too much to eat.

Los alegres viajeros fueron aproximándose hacía ellos, y á medida que se aproximaban Scrooge iba reconociéndolos y Ha Amando á cada uno por su nombre. ¿Por qué se ponía de tan buen humor al encontrarlos? ¿Por qué sus ojos, ordinariamente tan mortecinos, despedían aquellas miradas tan expresivas? ¿Por qué le saltaba el corazón entró del pecho según iban pasando? ¿Por qué se sintió lleno de júbilo al ver como se deseaban unos a otros mil felicidades por la Noche Buena, mientras se separaban tomando diferentes caminos para volverse a sus respectivos hogares? ¿Qué significaba una Noche Buena para Scrooge? ¿Qué ventajas le había producido?

—La escuela no está completamente desierta, indicó el espíritu. Un niño solitario, abandonado por sus amigos, queda todavía.

Scrooge dijo que lo sabía. Y sollozó.

Dejaron el camino real y dirigiéndose a uno hondonada perfectamente reconocida por Scrooge, llegaron muy pronto a un edificio fabricado con ladrillos de color rojo oscuro, sobre el cual se alzaba una cupulilla y sobre esta una veleta; en el tajado se veía una campana. El edificio era espacioso, pero denotaba vicisitudes de fortuna porque se hacía poco uso de sus numerosos compartimientos. Las paredes manifestaban señales de humedad; las ventanas aparecían rotas, las puertas desvencijadas. Algunas gallinas cacareaban en los establos; en las cocheras y en las caballerizas crecia la hierba. En el interior no conservaba ningún resto de su antigua grandeza, porque al entrar por el oscuro vestíbulo, se notaba por las puertas entreabiertas de algunos salones la humildad de sus muebles. El quellos aposentos desprendían olor como de cerrados: todo indicaba allí que sus habitantes eran extraordinariamente madrugadores para el trabajo, y que no tenían mucho que comer.

They went, the Ghost and Scrooge, across the hall, to a door at the back of the house. It opened before them, and disclosed a long, bare, melancholy room, made barer still by lines of plain deal forms and desks. At one of these a lonely boy was reading near a feeble fire; and Scrooge sat down upon a form, and wept to see his poor forgotten self as he used to be.

Not a latent echo in the house, not a squeak and scuffle from the mice behind the panelling, not a drip from the half-thawed water-spout in the dull yard behind, not a sigh among the leafless boughs of one despondent poplar, not the idle swinging of an empty store-house door, no, not a clicking in the fire, but fell upon the heart of Scrooge with a softening influence, and gave a freer passage to his tears.

The Spirit touched him on the arm, and pointed to his younger self, intent upon his reading. Suddenly a man, in foreign garments: wonderfully real and distinct to look at: stood outside the window, with an axe stuck in his belt, and leading by the bridle an ass laden with wood.

"Why, it's Ali Baba!" "Why, it's Ali Baba!" Scrooge exclaimed in ecstasy. "It's dear old honest Ali Baba! Yes, yes, I know! One Christmas time, when yonder solitary child was left here all alone, he *did* come, for the first time, just like that. Poor boy! And Valentine," said Scrooge, "and his wild brother, Orson; there they go! And what's his name, who was put down in his drawers, asleep, at the Gate of Damascus; don't you see him! And the Sultan's Groom turned upside down by the Genie; there he is upon his head! Serve him right. I'm glad of it. What business had *he* to be married to the Princess!"

Ellos fueron, el Espíritu y Scrooge, a través de la sala, a una puerta en la parte trasera de la casa. Se abrió ante ellos, y divulgadas por un largo, habitación vacía, triste, árido hecho todavía por las líneas de las formas de hacer frente lisa y escritorios. En uno de estos un niño solitario leía cerca de un fuego débil, y Scrooge se sentó en un formulario, y lloró al ver a su pobre olvidado yo como solía ser.

Ni un eco latente en la casa, no un chillido y la pelea de los ratones detrás de los paneles, no un goteo del agua de medio descongelado-surtidor en el patio sordo detrás, ni un suspiro entre las ramas sin hojas de álamo abatido uno, no el balanceo de inactividad de una puerta vacía tienda de la casa, no, no, un clic en el fuego, pero cayó en el corazón de Scrooge con una influencia de ablandamiento, y dio un paso más libre a sus lágrimas.

El Espíritu le tocó en el brazo, y señaló a su menor intención de ser, a su lectura. De repente, un hombre, en ropa exterior: maravillosamente real y distinta de ver: estaba fuera de la ventana, con un hacha en el cinto, y llevando de la brida de un culo cargado de madera.

—¡Por qué, es Alí Babá! Scrooge exclamó en éxtasis. ¡Es honesto viejo y querido Alí Babá! Sí, sí, ya sé! Una época de Navidad, cuando el niño aquel solitario quedó aquí solo, que llegó, por primera vez, así como así.

—¡Pobre niño! ¿Y Valentín? dijo Scrooge. ¿Y su bribón de hermano? ¿Como apellidaban á ese que fue depositado en medio de su sueño y casi desnudo, en la puerta de Damasco? ¿No lo veis? ¿Y el palafrenero del sultán tan maltratado por los genios? Helo ahí con la cabeza abajo. Bien, bien; tratadle como se merece: eso me gusta. ¿Qué necesidad tenía de casarse con la princesa?

To hear Scrooge expending all the earnestness of his nature on such subjects, in a most extraordinary voice between laughing and crying; and to see his heightened and excited face; would have been a surprise to his business friends in the city, indeed.

"There's the Parrot!" cried Scrooge. "Green body and yellow tail, with a thing like a lettuce growing out of the top of his head; there he is! Poor Robin Crusoe, he called him, when he came home again after sailing round the island. 'Poor Robin Crusoe, where have you been, Robin Crusoe?' The man thought he was dreaming, but he wasn't. It was the Parrot, you know. There goes Friday, running for his life to the little creek! Halloa! Hoop! Halloo!"

Then, with a rapidity of transition very foreign to his usual character, he said, in pity for his former self, "Poor boy!" and cried again.

"I wish," Scrooge muttered, putting his hand in his pocket, and looking about him, after drying his eyes with his cuff: "but it's too late now."

"What is the matter?" asked the Spirit.

"Nothing," said Scrooge. "Nothing. There was a boy singing a Christmas Carol at my door last night. I should like to have given him something: that's all."

The Ghost smiled thoughtfully, and waved its hand: saying as it did so, "Let us see another Christmas!"

¡Qué admiración para sus compañeros de la City si hubieran podido ver Scrooge que empleaba todo lo que su naturaleza encerraba de vigor, para extasiarse con tales recuerdos; medio llorando, medio riendo, alzando la voz con una fuerza extraordinaria, animándosele la fisonomía de un modo singular.

He ahí el loro; continuó, de cuerpo verde de cola amarilla, de moño semejante á una lechuga, en la cabeza. ¡Pobre Robinson Crusoe le gritaba el loro cuando lo vio tornar á su albergue después de haber dado vuelta á la isla. Dónde has estado Robinson Crusoe? hombre creía soñar; más no soñaba, no: era como ya sabéis, el loro. He ahí a Viernes corriendo á todo escapé para salvarse: anda de prisa; valor; upa.

Después pasando de un asunto á otro con Una rapidez no acostumbrada en él, y nao vida de compasión por aquel otro Scrooge que leía los cuentos a que acababa de aludir, «Pobre niño,» dijo, y se puso á llorar de nuevo.

—Querría.... murmuró Scrooge metiéndose las manos en los bolsillos después de haberse enjugado las lágrimas.... pero es ya tarde.

— ¿Qué hay? preguntó el espíritu.

— Nada, nada. Me acordaba de un niño que estuvo ayer á la puerta de mi despacho para cantarme un villancico de Noche Buena: hubiera querido darle algo: he ahí todo.

El espíritu se sonrió con ademan meditabundo, y haciéndole señal de callarse le dijo: ¡veamos otra Noche Buena!

Scrooge's former self grew larger at the words, and the room became a little darker and more dirty. The panels shrunk, the windows cracked; fragments of plaster fell out of the ceiling, and the naked laths were shown instead; but how all this was brought about, Scrooge knew no more than you do. He only knew that it was quite correct; that everything had happened so; that there he was, alone again, when all the other boys had gone home for the jolly holidays.

He was not reading now, but walking up and down despairingly. Scrooge looked at the Ghost, and with a mournful shaking of his head, glanced anxiously towards the door.

It opened; and a little girl, much younger than the boy, came darting in, and putting her arms about his neck, and often kissing him, addressed him as her "Dear, dear brother."

"I have come to bring you home, dear brother!" said the child, clapping her Tiny Tim hands, and bending down to laugh. "To bring you home, home, home!"

"Home, little Fan?" returned the boy.

"Yes!" said the child, brimful of glee. "Home, for good and all. Home, for ever and ever. Father is so much kinder than he used to be, that home's like Heaven! He spoke so gently to me one dear night when I was going to bed, that I was not afraid to ask him once more if you might come home; and he said Yes, you should; and sent me in a coach to bring you. And you're to be a man!" said the child, opening her eyes, "and are never to come back here; but first, we're to be together all the Christmas long, and have the merriest time in all the world."

"You are quite a woman, little Fan!" exclaimed the boy.

Proferidas estas palabras, observó Scrooge, que el niño imagen suya se había desarrollado, y que la sala estaba algo más sucia y estaba más oscura. El ensamblado de madera de las paredes aparecía con inmensas grietas, las ventanas resquebrajadas, el piso lleno de cascotes de la techumbre y las vigas al descubierto. ¿Cómo se habían verificado estos cambios? Scrooge lo ignoraba tomo cotroso. Sabía únicamente que aquello era un hecho irrefutable; que se encono traba allí, siempre solo, mientras que sus demás condiscípulos estaban en sus respectivas casas para gozar alegres y contentos de la Noche Buena. Entónese no leía: se limitaba á pasear á lo largo y á lo ancho, entregado á la mayor desesperación. Scrooge se volvió al espectro, y moviendo con aire melancólico la cabeza, lanzó una mirada, llena de ansiedad, á la puerta.

Esta se abrió dejando penetrar á unta niña de menos edad que el estudiante, la cual, dirigiéndose como una flecha hacia él lo apretó entre sus brazos, exclamando:

—Hermano querido.

—Vengo para llevarte á casa, continuó, dando palmadas de alegría y encorvada á fuerza de reír; para llevarte á casa, á casa, á casa.

— ¿A casa, Paquita?

—Sí, contestó ella, á casa; ni más ni menos: y para siempre, para siempre. Papá es ahora tan bueno, en comparación de lo que era antes, que aquello se ha trocado en un paraíso. Hace pocas noches me habló eón tan grande cariño, que no vacilé en solicitar otra vez que vinieras á casa, y me lo concedió, y me ha enviado con un coche para buscarte. Va á ser un hombre, continuó la niña abriendo desmesuradamente los ojos: no volverás aquí, y por de pronto vamos á pasar reunidos las fiestas de Noche Buena de la manera más alegre del mundo.

—Eres verdaderamente una mujer, Paquita, exclamó el joven.

She clapped her hands and laughed, and tried to touch his head; but being too little, laughed again, and stood on tiptoe to embrace him. Then she began to drag him, in her childish eagerness, towards the door; and he, nothing loth to go, accompanied her.

A terrible voice in the hall cried, "Bring down Master Scrooge's box, there!" and in the hall appeared the schoolmaster himself, who glared on Master Scrooge with a ferocious condescension, and threw him into a dreadful state of mind by shaking hands with him. He then conveyed him and his sister into the veriest old well of a shivering best-parlour that ever was seen, where the maps upon the wall, and the celestial and terrestrial globes in the windows, were waxy with cold. Here he produced a decanter of curiously light wine, and a block of curiously heavy cake, and administered instalments of those dainties to the young people: at the same time, sending out a meagre servant to offer a glass of "something" to the postboy, who answered that he thanked the gentleman, but if it was the same tap as he had tasted before, he had rather not. Master Scrooge's trunk being by this time tied on to the top of the chaise, the children bade the schoolmaster good-bye right willingly; and getting into it, drove gaily down the garden-sweep: the quick wheels dashing the hoar-frost and snow from off the dark leaves of the evergreens like spray.

"Always a delicate creature, whom a breath might have withered," said the Ghost. "But she had a large heart!"

"So she had," cried Scrooge. "You're right. I will not gainsay it, Spirit. God forbid!"

"She died a woman," said the Ghost, "and had, as I think, children."

"One child," Scrooge returned.

Ella volvió á palmotear y á reír. Luego trató de acariciarle, pero como era tan pe que fía, tuvo que empinarse sobre las puntas de los pies para darlo un abrazo y tornó á reír. Por último, impaciente ya como niña, lo arrastró hacia la puerta y él fue tras ella contentísimo.

Una voz poderosa se dejó oír en el ver título.

—Bajad el equipaje de Mr. Scrooge: pronto. Y apareció el maestro en persona, quien dirigiendo al joven una mirada entre adusta y benévola, le estrechó la mano en significación de despedida. Seguidamente le condujo á una sala baja, lo más helada que se podía dar, verdadera cueva donde existían muchos mapas suspendidos de las paredes, globos terrestres y celestes en los alféizares de las ventanas, objetos todos que parecían también helados por el frio de la habitación, y allí obsequió á los jóvenes con una botellita de vino excesivamente ligero y un trozo de pastel excesivamente pesado: al mismo tiempo hizo que un sirviente de sórdido aspecto invitase al cochero, mas éste, agradeciendo mucho la oferta, repuso, que si se trataba del mismo vino fue le habían dado á probar antes no lo deseaba. Dispuesto el equipaje, los jóvenes se despidieron cariñosamente del maestro, y subiendo al coche atravesaron llenos de alegría el jardín y salieron á la carretera, llena entonces de nieve que iba arremolinándose al paso de las ruedas como si fuera espuma.

—Siempre fue esa niña una criatura delicada á quien el más pequeño soplo hubiera podido marchitar, dijo el espectro.... pero abrigaba un gran corazón.

—Es cierto, contestó Scrooge. No seré yo quien me oponga á ello, espíritu; líbreme Dios.

—Ha muerto casada y me parece que ha dejado dos hijos.

—Uno solo, repuso Scrooge.

"True," said the Ghost. "Your nephew!"

Scrooge seemed uneasy in his mind; and answered briefly, "Yes."

Although they had but that moment left the school behind them, they were now in the busy thoroughfares of a city, where shadowy passengers passed and repassed; where shadowy carts and coaches battled for the way, and all the strife and tumult of a real city were. It was made plain enough, by the dressing of the shops, that here too it was Christmas time again; but it was evening, and the streets were lighted up.

The Ghost stopped at a certain warehouse door, and asked Scrooge if he knew it.

"Know it!" said Scrooge. "Was I apprenticed here!"

They went in. At sight of an old gentleman in a Welsh wig, sitting behind such a high desk, that if he had been two inches taller he must have knocked his head against the ceiling, Scrooge cried in great excitement:

"Why, it's old Fezziwig! Bless his heart; it's Fezziwig alive again!"

Old Fezziwig laid down his pen, and looked up at the clock, which pointed to the hour of seven. He rubbed his hands; adjusted his capacious waistcoat; laughed all over himself, from his shoes to his organ of benevolence; and called out in a comfortable, oily, rich, fat, jovial voice:

"Yo ho, there! Ebenezer! Dick!"

Scrooge's former self, now grown a young man, came briskly in, accompanied by his fellow-'prentice.

"Dick Wilkins, to be sure!" said Scrooge to the Ghost. "Bless me, yes. There he is. He was very much attached to me, was Dick. Poor Dick! Dear, dear!"

—Es verdad, corroboró el espectro; vuestro sobrino. Scrooge asintió y dijo brevemente: Sí.

Aunque no habían hecho más que abandonar el colegio, se encontraban ya en las calles de una gran ciudad, por donde pasaban y repasaban muchas sombras humanas ó sombras de carruajes en gran número; en una palabra, en medio del ruido y del movimiento de una verdadera ciudad, loor los escaparates de las tiendas se echaba de ver que también allí tenía efecto la celebración de la Noche Buena.

El espectro se detuvo ante la puerta de un almacén y le preguntó á Scrooge si lo reconocía. .

—¡Si lo reconozco! Aquí fue donde hile mi aprendizaje.

Entraron. Había allí un anciano cubierto con una peluca, y sentado en una banqueta tan elevada, que si aquel señor hubiera tenido dos pulgada más de estatura, habría tropezado en el techo. En cuanto lo vio Scrooge no pudo menos de exclamar lleno de agitación:

—¡Pero si es el viejo Feziwig! Dios lo bendiga. Es Feziwig resucitado.

El viejo Feziwig abandonó la pluma y miró el reloj: señalaba las siete de la noche. Se restregó las manos, se arregló el inmenso chaleco, y riéndose bonachonamente desde la punta de los pies hasta la punta de los cabellos, llamó con poderoso, sonoro, rico y jovial acento:

—Hola: Scrooge; Dick. El otro Scrooge convertido ahora en un adolescente, acudió presuroso acompañado de su camarada de aprendizaje.

—Es Dick Wilkins á no dudarlo, dijo Scrooge al espíritu Es él. Helo ahí. Me quería mucho ese pebre Dick.

"Yo ho, my boys!" said Fezziwig. "No more work to-night. Christmas Eve, Dick. Christmas, Ebenezer! Let's have the shutters up," cried old Fezziwig, with a sharp clap of his hands, "before a man can say Jack Robinson!"

You wouldn't believe how those two fellows went at it! They charged into the street with the shutters—one, two, three—had 'em up in their places—four, five, six—barred 'em and pinned 'em—seven, eight, nine—and came back before you could have got to twelve, panting like race-horses.

"Hilli-ho!" cried old Fezziwig, skipping down from the high desk, with wonderful agility. "Clear away, my lads, and let's have lots of room here! Hilli-ho, Dick! Chirrup, Ebenezer!"

Clear away! There was nothing they wouldn't have cleared away, or couldn't have cleared away, with old Fezziwig looking on. It was done in a minute. Every movable was packed off, as if it were dismissed from public life for evermore; the floor was swept and watered, the lamps were trimmed, fuel was heaped upon the fire; and the warehouse was as snug, and warm, and dry, and bright a ball-room, as you would desire to see upon a winter's night.

In came a fiddler with a music-book, and went up to the lofty desk, and made an orchestra of it, and tuned like fifty stomach-aches.

—Yo, ho, hijos míos, gritó Feziwig: esta noche no se trabaja. Es la Noche Buena Dick; es la Noche Buena, Scrooge. Prontito, colocad los tableros en las ventanas, continuó Feziwig haciendo chasquear sus manos alegremente. Pero pronto. ¿ Aún no habéis concluido?

Es imposible figurarse como ejecutaron la orden los jóvenes. Corrieron á poner los tableros, uno dos y tres los colocaron en su lugar, cuatro, cinco, seis prescrito' em y cubrió a 'em-siete, ocho, nueve-y volvieron antes de que usted podría tener llegó a las doce, jadeantes, como caballos de carrera.

—¡Hilli-ho!, gritó el anciano Feziwig descendiendo de su pupitre con maravillosa agilidad: quitemos estorbos de delante, hijos míos, y hagamos lugar. Hola, Dick: vamos, de prisa, Scrooge.

¡Quitar estorbos! Tenían ánimos para desamueblar aquello. Todo quedó hecho en brevísimo rato: todo lo que era susceptible de ser transportado, desapareció de aquel lugar como si nunca debiera reaparecer. El pavimento fue barrido y perfectamente re gado; las lámparas dispuestas, la chimenea bien prevenida de combustible, y en un momento convirtieron el almacén en un galón de baile, tan cómodo, tan templado, tan seco y con tanta luz como podía desearse para una noche de invierno.

Luego vino un músico con sus papelea, y colocándose en el elevado pupitre de Feñwig produjo acordes enteramente ratoneros.

In came Mrs. Fezziwig, one vast substantial smile. In came the three Miss Fezziwigs, beaming and lovable. In came the six young followers whose hearts they broke. In came all the young men and women employed in the business. In came the housemaid, with her cousin, the baker. In came the cook, with her brother's particular friend, the milkman. In came the boy from over the way, who was suspected of not having board enough from his master; trying to hide himself behind the girl from next door but one, who was proved to have had her ears pulled by her mistress.

In they all came, one after another; some shyly, some boldly, some gracefully, some awkwardly, some pushing, some pulling; in they all came, anyhow and everyhow. Away they all went, twenty couple at once; hands half round and back again the other way; down the middle and up again; round and round in various stages of affectionate grouping; old top couple always turning up in the wrong place; new top couple starting off again, as soon as they got there; all top couples at last and not a bottom one to help them! When this result was brought about, old Fezziwig, clapping his hands to stop the dance, cried out, "Well done!" and the fiddler plunged his hot face into a pot of porter, especially provided for that purpose. But scorning rest, upon his reappearance, he instantly began again, though there were no dancers yet, as if the other fiddler had been carried home, exhausted, on a shutter, and he were a bran-new man resolved to beat him out of sight, or perish.

Después entró la señora de Feziwig, señora de plácida sonrisa; después las tres hijas del matrimonio, hermosas y excitantes; después los seis galanes que las requerían de amores; después las jóvenes y los jóvenes empleados en el comercio de la casa; después la criada con un primo suyo panadero; después la cocinera con el vendedor de leche, amigo íntimo de su hermano; después el aprendiz de enfrente, de quien se sospecha va que no recibía mucha comida de su amo: se ocultaba detrás de la criada del número 15, á quien su ama, esto se sabía positivamente, tiraba do las orejas.

Todos entraron; unos tímidamente, otros con atreví a miento; estos con gracia, aquellos con torpeza, pero entraron todos de una manera u otra; esto importa poco. Todos se lanzaron, veinte parejas á la vez formando un círculo. La mitad se adelanta; á poco retroceden. Esta vez les toca á los unos balancearse cadenciosamente; la otra á los demás para acelerar el movimiento. Luego principian á girar agrupándose, estrechándose, persiguiéndose los unos á los otros: la pareja de los ancianos dueños, no está nunca parada; las demás jóvenes la persiguen, y cuando la has estrechado se separan todos rompiendo la cadena. Después de este magnífico resultado, Feziwig, dando unas palmadas ordena la suspensión del baile. Entonces el músico se refresca del calor que le abrasa con un vaso de cerveza fuerte, dispuesto especialmente con este objeto. Pero desdeñándose de descansar, vuelve á la carga con mayor entusiasmo, aunque no salían ya bailarines, como si el primer músico hubiera sido transportado, sin fuerzas, á su domicilio en un tablero de ventana, y el músico encargado de reemplazarle estuviera decidido á vencer ó morir. Después aun hubo un poco de baile.

There were more dances, and there were forfeits, and more dances, and there was cake, and there was negus, and there was a great piece of Cold Roast, and there was a great piece of Cold Boiled, and there were mince-pies, and plenty of beer. But the great effect of the evening came after the Roast and Boiled, when the fiddler (an artful dog, mind! The sort of man who knew his business better than you or I could have told it him!) struck up "Sir Roger de Coverley."

Then old Fezziwig stood out to dance with Mrs. Fezziwig. Top couple, too; with a good stiff piece of work cut out for them; three or four and twenty pair of partners; people who were not to be trifled with; people who *would* dance, and had no notion of walking.

But if they had been twice as many—ah, four times— old Fezziwig would have been a match for them, and so would Mrs. Fezziwig. As to *her*, she was worthy to be his partner in every sense of the term. If that's not high praise, tell me higher, and I'll use it. A positive light appeared to issue from Fezziwig's calves. They shone in every part of the dance like moons. You couldn't have predicted, at any given time, what would have become of them next.

And when old Fezziwig and Mrs. Fezziwig had gone all through the dance; advance and retire, both hands to your partner, bow and curtsey, corkscrew, thread-the-needle, and back again to your place; Fezziwig "cut"—cut so deftly, that he appeared to wink with his legs, and came upon his feet again without a stagger.

Después más baile, pasteles, limonada con vino, un enorme trozo de asado frio, pasteles de picadillo y cerveza abundosamente.

Pero lo bueno del sarao fue cuando el músico (ladino como él solo, tenedlo en cuenta,) que sabía muy bien cómo manejarse, con la dicción por la que ni vosotros ni yo hubiéramos podido criticarle, se puso á declamar: Sir Roberto de Cowerley.

A seguida de esto salió el viejo Feziwig con la señora Feziwig y se colocaron á la cabeza de los bailarines. Esto sí que fue trabajo para los ancianos. Debían dirigir veintitrés ó veinticuatro parejas, que no admitían chanzas porque eran jóvenes, ansiosos de bailar, y enemigos de ir despacio.

Más aun cuando hubieran sido en mayor número, el viejo Feziwig era capaz de dirigirlos, así-como su esposa. Era su dignísima compañera en toda la extensión do la palabra. Si esto no es un elogio, que se me indique otro y lo aprovecharé. Las pantorrillas de Feziwig eran como dos astros; eran como medias lunas que se multiplicaban para todas las operaciones del baile. Aprecian, desaparecían, reaparecían de cada vez mejor.

Cuando el anciano Feziwig y so señora hubieron ejecutado el rigodón completo, él hacía cabriolas con una ligereza pasmosa, y al terminarlas se quedaba tieso como una I sobre los pies.

When the clock struck eleven, this domestic ball broke up. Mr. and Mrs. Fezziwig took their stations, one on either side of the door, and shaking hands with every person individually as he or she went out, wished him or her a Merry Christmas. When everybody had retired but the two 'prentices, they did the same to them; and thus the cheerful voices died away, and the lads were left to their beds; which were under a counter in the back-shop.

During the whole of this time, Scrooge had acted like a man out of his wits. His heart and soul were in the scene, and with his former self. He corroborated everything, remembered everything, enjoyed everything, and underwent the strangest agitation. It was not until now, when the bright faces of his former self and Dick were turned from them, that he remembered the Ghost, and became conscious that it was looking full upon him, while the light upon its head burnt very clear.

"A small matter," said the Ghost, "to make these silly folks so full of gratitude."

"Small!" echoed Scrooge.

The Spirit signed to him to listen to the two apprentices, who were pouring out their hearts in praise of Fezziwig: and when he had done so, said,

"Why! Is it not? He has spent but a few pounds of your mortal money: three or four perhaps. Is that so much that he deserves this praise?"

Cuando el reloj marcaba las once tuvo fin aquel baile doméstico. El señor y la señora de Feziwig se colocaron á cada lado de la puerta, y fueron estrechando cariñosamente y uno á uno las manos de todos los concurrentes; él las de los hombres y ella las de las mujeres, deseándoles mil felicidades. Cuando no quedaban más que los aprendices, se despidieron de ellos de la misma manera: todo quedó en silencio y los dos jóvenes se acostaron en la trastienda.

Durante estas operaciones Scrooge se hallaba como un hombre desatinado. Había tomado parte en aquella escena con su corazón y con su alma. Lo reconocía todo, lo recordaba todo, gozaba de todo y experimentaba una agitación singular. Tan sólo cuando la animada fisonomía de su imagen y la de Dick hubieron desaparecido, fue cuando se acordó del fantasma.

Entonces advirtió que le miraba atentísimamente, y que la luz que sobre la cabeza tenia brillaba con todo su esplendor.

—No se necesita gran cosa, dijo el fantasma, para infundir en esos tontos un poco de agradecimiento.

—No se necesita gran cosa, repitió Scrooge.

El espíritu le indicó que escuchase la conversación de los jóvenes aprendices, los cuales, desbordándose en reconocimiento por Feziwig, lo elogiaban de mil maneras.

—Ya veis, añadió el espíritu; el gasto no nobles aspiraciones delante de la que á todas las ha absorbido: una; la dominante; la pasión del lucro. ¿Estoy en lo cierto?

"It isn't that," said Scrooge, heated by the remark, and speaking unconsciously like his former, not his latter, self. "It isn't that, Spirit. He has the power to render us happy or unhappy; to make our service light or burdensome; a pleasure or a toil. Say that his power lies in words and looks; in things so slight and insignificant that it is impossible to add and count 'em up: what then? The happiness he gives, is quite as great as if it cost a fortune."

He felt the Spirit's glance, and stopped.

"What is the matter?" asked the Ghost.

"Nothing particular," said Scrooge.

"Something, I think?" the Ghost insisted.

"No," said Scrooge, "No. I should like to be able to say a word or two to my clerk just now. That's all."

His former self turned down the lamps as he gave utterance to the wish; and Scrooge and the Ghost again stood side by side in the open air.

"My time grows short," observed the Spirit. "Quick!"

This was not addressed to Scrooge, or to any one whom he could see, but it produced an immediate effect. For again Scrooge saw himself. He was older now; a man in the prime of life. His face had not the harsh and rigid lines of later years; but it had begun to wear the signs of care and avarice. There was an eager, greedy, restless motion in the eye, which showed the passion that had taken root, and where the shadow of the growing tree would fall.

He was not alone, but sat by the side of a fair young girl in a mourning-dress: in whose eyes there were tears, which sparkled in the light that shone out of the Ghost of Christmas Past.

—No es eso, dijo Scrooge, calentado por la observación y hablando inconscientemente como su ex, no su última, sí. No es que, el Espíritu. Él tiene el poder de hacernos felices o infelices, hacer que nuestra luz de servicio o gravosos, un placer o una fatiga. Decir que su poder reside en las palabras y miradas, en cosas tan leves e insignificantes que es imposible para agregar y hacia arriba: ¿entonces qué? La felicidad que da, es tan grande como si costase una fortuna.

Sintió la mirada del Espíritu, y se detuvo.

—¿Cuál es el problema?, Preguntó el Espectro.

—Nada particular, dijo Scrooge.

—Algo que pienso? El Espíritu insistió.

—No, dijo Scrooge, No. Me gustaría poder decir una palabra o dos a mi asistente en este momento. Eso es todo. "

Lo que fue rechazado las lámparas como él daba que hablasen con el deseo y Scrooge y el fantasma de nuevo estaba al lado del otro al aire libre.

—Mi tiempo se acorta, observó el Espíritu....
¡Rápido!

Esto no iba dirigida a Scrooge ni a nadie que él podía ver, pero produjo un efecto inmediato. Porque, de nuevo Scrooge vio a sí mismo. Él era mayor ahora, un hombre en la plenitud de la vida. Su cara no tenía las líneas duras y rígidas de años más tarde, pero había empezado a usar los signos de la atención y la avaricia. Hubo un ansioso, ávido de movimiento, inquieto en el ojo, lo que demostró la pasión que había arraigado, y donde la sombra de los árboles de crecimiento caería.

No estaba solo, sino que se sentó al lado de una joven justo en un duelo de gala: en cuyos ojos había lágrimas, que brillaban a la luz que brillaba sobre el Espíritu de la Navidad Pasada.

"It matters little," she said, softly. "To you, very little. Another idol has displaced me; and if it can cheer and comfort you in time to come, as I would have tried to do, I have no just cause to grieve."

"What Idol has displaced you?" he rejoined.

"A golden one."

"This is the even-handed dealing of the world!" he said. "There is nothing on which it is so hard as poverty; and there is nothing it professes to condemn with such severity as the pursuit of wealth!"

"You fear the world too much," she answered, gently. "All your other hopes have merged into the hope of being beyond the chance of its sordid reproach. I have seen your nobler aspirations fall off one by one, until the master-passion, Gain, engrosses you. Have I not?"

"What then?" he retorted. "Even if I have grown so much wiser, what then? I am not changed towards you."

She shook her head.

"Am I?"

"Our contract is an old one. It was made when we were both poor and content to be so, until, in good season, we could improve our worldly fortune by our patient industry. You *are* changed. When it was made, you were another man."

"I was a boy," he said impatiently.

—Poco importa, dijo, en voz baja. A usted, muy poco. Otro ídolo me ha desplazado, y si se puede animar y confort en el tiempo por venir, como yo he tratado de hacer, no tengo ninguna justa causa para llorar .

—¿Qué ídolo te ha desplazado?, replicó él.
A uno de oro.

—¡Este es el trato imparcial del mundo!, Dijo.

—No hay nada en la que es tan difícil como la pobreza, y no hay nada que profesa a condenar con tanta severidad como la persecución de la riqueza!

—Es el miedo del mundo demasiado", contestó ella, con suavidad. Todas sus esperanzas otros se han fusionado en la esperanza de ser más allá de la posibilidad de su sórdido reproche. He visto sus aspiraciones más nobles se caen uno a uno, hasta que el capitán-pasión, de ganancia, que absorbe. ¿No es así?

— Bien. ¿Y qué? Aunque al envejecer me haya hecho más sabio, ¿he cambiado por eso con respecto á vuestra persona?

La joven movió la cabeza.

— ¿He cambiado? insistió Scrooge.

—Nuestro compromiso es muy antiguo. Lo contrajimos cuando éramos unos pobres y estábamos contentos con nuestra situación. Nos propusimos aguardar á labrarnos una fortuna con una industria y nuestra perseverancia. Vos habéis cambiado: cuando contrajisteis el compromiso erais otro hombre.

—Era un niño, replicó él con impaciencia.

"Your own feeling tells you that you were not what you are," she returned. "I . am. That which promised happiness when we were one in heart, is fraught with misery now that we are two. How often and how keenly I have thought of this, I will not say. It is enough that I *have* thought of it, and can release you."

"Have I ever sought release?"

"In words. No. Never."

"In what, then?"

"In a changed nature; in an altered spirit; in another atmosphere of life; another Hope as its great end. In everything that made my love of any worth or value in your sight. If this had never been between us," said the girl, looking mildly, but with steadiness, upon him; "tell me, would you seek me out and try to win me now? Ah, no!"

He seemed to yield to the justice of this supposition, in spite of himself. But he said with a struggle, "You think not."

—Vuestra conciencia os está diciendo que hoy no sois lo que erais entonces. En cuanto á mí la misma soy. Lo que podía haber sido para nosotros una felicidad cuando no teníamos más que un corazón, no sería sino un manantial de disgustos hoy que tenemos dos. Es imposible figurarse cuántas veces y con cuánta amargura he pensado en esto. Basta con que yo lo haya pensado y que pueda relevaros de vuestro compromiso y devolveros la palabra.

—¿Lo he querido así?

— De boca no: jamás.

—Entonces ¿cómo?

—Cambiando totalmente. Vuestro carácter no es el mismo, así como tampoco la atmósfera en que vivís, ni la esperanza que os animaba. Si no hubiera existido el compromiso que á entrambos nos unía, dijo la I joven con dulzura pero con firmeza, decid: ¿Solicitarías mi mano hoy? ¡Oh, no!

Scrooge estuvo á punto de conceder esta suposición, casi contra su voluntad, pero se resistió aún.

—Eso no lo creéis.

"I would gladly think otherwise if I could," she answered, "Heaven knows! When *I* have learned a Truth like this, I know how strong and irresistible it must be. But if you were free to-day, to-morrow, yesterday, can even I believe that you would choose a dowerless girl— you who, in your very confidence with her, weigh everything by Gain: or, choosing her, if for a moment you were false enough to your one guiding principle to do so, do I not know that your repentance and regret would surely follow? I do; and I release you. With a full heart, for the love of him you once were."

He was about to speak; but with her head turned from him, she resumed.

"You may—the memory of what is past half makes me hope you will—have pain in this. A very, very brief time, and you will dismiss the recollection of it, gladly, as an unprofitable dream, from which it happened well that you awoke. May you be happy in the life you have chosen!"

She left him, and they parted.

"Spirit!" said Scrooge, "show me no more! Conduct me home. Why do you delight to torture me?"

"One shadow more!" exclaimed the Ghost.

"No more!" cried Scrooge. "No more. I don't wish to see it. Show me no more!"

—Me consideraría muy dichosa en poder opinar de otro modo. Para que me haya resuelto á admitir una verdad tan triste, ha sido preciso que yo advirtiese en ella una fuerza invencible. Pero si os vierais hoy ó mañana en libertad, ¿podría yo creer, como en otro tiempo, que es cogeríais para esposa una joven sin dote, vos, que en vuestras íntimas confianzas, cuando me des cogeríais vuestro corazón francamente, no cogeríais de calcularlo todo en la balanza del interés y de apreciarlo todo por la utilidad que de ello podríais reportar; ó tendríamos que, faltando á vuestros principios á causa de ella, á los principios que constituyen vuestra conducta, os fijaríais en esa joven para hacerla vuestra mujer, sin que esto os produjera muy pronto, según es mi opinión, amargo sentimiento? Estoy muy convencida de ello, y por eso os devuelvo vuestra libertad, precisamente á causa del amor que os profesa va en otro tiempo, cuando erais otro de que hoy sois.

El quería hablar, mas ella, apartando la vista, continuó:

—Tal vez pero no; mas bien. Sin duda alguna padecerés al abandonarla y la memoria de lo pasado me autoriza á creerlo así. Mas al poco tiempo, muy poco tiempo, arrojareis de vos con prisa un tan importuno recuerdo, como si se tratara de un sueño inútil y enfadoso. Que seas feliz en la vida que ha elegido!

Ella lo dejó, y se separaron.

— Espíritu, no me enseñéis más, dijo Scrooge. Restituidme á mi morada. ¿Por qué os complacéis en atormentarme?

—Otra sombra, gritó el fantasma.

—No, no más, dijo Scrooge. No, no quiero ver más. No me enseñéis nada.

But the relentless Ghost pinioned him in both his arms, and forced him to observe what happened next. They were in another scene and place; a room, not very large or handsome, but full of comfort. Near to the winter fire sat a beautiful young girl, so like that last that Scrooge believed it was the same, until he saw *her*, now a comely matron, sitting opposite her daughter. The noise in this room was perfectly tumultuous, for there were more children there, than Scrooge in his agitated state of mind could count; and, unlike the celebrated herd in the poem, they were not forty children conducting themselves like one, but every child was conducting itself like forty. The consequences were uproarious beyond belief; but no one seemed to care; on the contrary, the mother and daughter laughed heartily, and enjoyed it very much; and the latter, soon beginning to mingle in the sports, got pillaged by the young brigands most ruthlessly.

Pero el implacable fantasma, estrechándole entre sus brazos, le hizo ver la seguida de les acontecimientos. Y se trasportaron á otro sitio donde vieron un cuadro de diferente género. La habitación estancia no muy grande ni bella, pero vistosa y cómoda. Próxima á un hermoso fuego había una linda joven, tan semejante á la de la escena anterior, que Scrooge la confundía con ella, hasta que vio á ésta convertida en madre de familia, sentada al lado do su hija. El alboroto que se levantaba en aquel salón era ensordecedor, porque jugaban en él tantos niños, que Scrooge, dominado por una poderosa agitación, no podía contarlos: cada uno de ellos daba más que hacer que cuarenta. La consecuencia de , todo aquello era un estruendo imposible de describir, pero nadie se inquietaba por eso; más aún, la madre y la bija se reían y se divertían extraordinariamente. Habiendo cometido la madre el desacierto de participar en el juego infantil, aquellos bribonzuelos la entregaron á saco y la trataron sin piedad.

What would I not have given to be one of them! Though I never could have been so rude, no, no! I wouldn't for the wealth of all the world have crushed that braided hair, and torn it down; and for the precious little shoe, I wouldn't have plucked it off, God bless my soul! to save my life. As to measuring her waist in sport, as they did, bold young brood, I couldn't have done it; I should have expected my arm to have grown round it for a punishment, and never come straight again. And yet I should have dearly liked, I own, to have touched her lips; to have questioned her, that she might have opened them; to have looked upon the lashes of her downcast eyes, and never raised a blush; to have let loose waves of hair, an inch of which would be a keepsake beyond price: in short, I should have liked, I do confess, to have had the lightest licence of a child, and yet to have been man enough to know its value.

But now a knocking at the door was heard, and such a rush immediately ensued that she with laughing face and plundered dress was borne towards it the centre of a flushed and boisterous group, just in time to greet the father, who came home attended by a man laden with Christmas toys and presents. Then the shouting and the struggling, and the onslaught that was made on the defenceless porter!

¡Cuánto hubiera dado yo por ser uno de ellos! Aunque seguramente yo no me hubiera conducido con tanta rudeza. Oh, no hubiera intentado, por todo el oro de la tierra, enredar ni tirar de un modo tan inicuo aquella cabellera tan perfectamente arreglada, y en cuanto al precioso zapatito que contenía su pié tampoco se lo hubiese sacado á la fuerza, ¡Dios me líbrela! aunque se tratara de la salvación de mi vida. En cuanto á medirle la cintura del modo que lo hacían aquellos atrevidos, sin escrúpulos de ninguna clase, tampoco lo tibiera hecho, temeroso de que como castigo á semejante profanación, quedara mi brazo condenado á redondearse siempre, sin poder enderezarlo nunca. Y sin embargo, lo confieso; hubiera deseado tocar sus labios, dirigirle preguntas para obligarla á que los abriese respondiéndome; fijar mía miradas en las pestañas de sus inclinados ojos sin sonrojarla; desatar su ondulante crencha, uno de cuyos rizos hubiera sido para mí el más apreciado recuerdo; en una palabra, hubiera deseado, dígalo francamente, que me permitiera disfrutar con ella los privilegios de niño; pero siendo hombre para reconocerlos y saberlos apreciar.

A la sazón llamaron, y sobre la marcha el grupo aquel tan alborotador, empujó á la pobre madre, sin dejarla que se arreglase los vestidos, sin permitirla que se defendiese, pero sin que perdiera su sonrisa de satisfacción; la empujó hacía la puerta en medio de un tumulto y de un entusiasmo indescriptibles, al encuentro del padre, que regresaba en compañía de un recadero cargado de juguetes y de regalos de Navidad. ¡Cualquiera puede figurar je los gritos, las batallas, los asaltos de que fue víctima el indefenso acompañante!

The scaling him with chairs for ladders to dive into his pockets, despoil him of brown-paper parcels, hold on tight by his cravat, hug him round his neck, pommel his back, and kick his legs in irrepressible affection!

The shouts of wonder and delight with which the development of every package was received! The terrible announcement that the baby had been taken in the act of putting a doll's frying-pan into his mouth, and was more than suspected of having swallowed a fictitious turkey, glued on a wooden platter! The immense relief of finding this a false alarm! The joy, and gratitude, and ecstasy! They are all indescribable alike. It is enough that by degrees the children and their emotions got out of the parlour, and by one stair at a time, up to the top of the house; where they went to bed, and so subsided.

And now Scrooge looked on more attentively than ever, when the master of the house, having his daughter leaning fondly on him, sat down with her and her mother at his own fireside; and when he thought that such another creature, quite as graceful and as full of promise, might have called him father, and been a spring-time in the haggard winter of his life, his sight grew very dim indeed.

"Belle," said the husband, turning to his wife with a smile, "I saw an old friend of yours this afternoon."

"Who was it?"

"Guess!"

"How can I? Tut, don't I know?" she added in the same breath, laughing as he laughed. "Mr. Scrooge."

Uno lo escala, subiéndose sobre las sillas, para registrarle los bolsillos, sacarle los paquetes, tirarle de la corbata, suspenderse de su cuello, adjudicarle como demostración de cariño innumerables puñetazos en las espaldas é infinitos puntapiés en las pantorrillas. Y después ¡con qué exclamaciones de alegría se saludaba la apertura de cada paquete! ¡Qué desastroso efecto!

Produce la fatal noticia de que el rorro ha sido cogido infraganti, metiéndose en la boca una sartén de azúcar perteneciente al ajuar! También se sospecha, con bastante seguridad, que se ha tragado un pavo de azúcar que estaba adherido á un plato de madera.

¡Qué satisfacción cuando se averigua que aquella implicación es falsa! La alegría, el reconocimiento, el entusiasmo son indefinibles. A lo último, habiendo llegado la hora, se van retirando poco á poco los niños; suben los peldaños ligeramente, se meten en su cuarto y la calma renace.

Entonces Scrooge, prestando mayor atención, vio que el padre, á cuyo brazo iba tiernamente asida la hija, se sentaba entre ésta y la madre, junto á la chimenea, y no podo menos de ocurrírsele que á él también hubiera podido darle el nombre de padre una criatura semejante á aquella, tan graciosa y tan linda, y convertirle en una lozana primavera el triste invierno de su vida: sus ojos

Se llenaron de lágrimas.

—Bella, dijo el marido volviéndose con una duce sonrisa hacia su mujer; esta noche he visto á uno de vuestros antiguos amigos.

—¿Quién?

—¿No lo adivináis?

— ¿ Cómo? Pero ya caigo, continuó riéndose como él; Mr. Scrooge.

"Mr. Scrooge it was. I passed his office window; and as it was not shut up, and he had a candle inside, I could scarcely help seeing him. His partner lies upon the point of death, I hear; and there he sat alone. Quite alone in the world, I do believe."

"Spirit!" said Scrooge in a broken voice, "remove me from this place."

"I told you these were shadows of the things that have been," said the Ghost. "That they are what they are, do not blame me!"

"Remove me!" Scrooge exclaimed, "I cannot bear it!"

He turned upon the Ghost, and seeing that it looked upon him with a face, in which in some strange way there were fragments of all the faces it had shown him, wrestled with it.

"Leave me! Take me back. Haunt me no longer!"

In the struggle, if that can be called a struggle in which the Ghost with no visible resistance on its own part was undisturbed by any effort of its adversary, Scrooge observed that its light was burning high and bright; and dimly connecting that with its influence over him, he seized the extinguisher-cap, and by a sudden action pressed it down upon its head.

The Spirit dropped beneath it, so that the extinguisher covered its whole form; but though Scrooge pressed it down with all his force, he could not hide the light: which streamed from under it, in an unbroken flood upon the ground.

He was conscious of being exhausted, and overcome by an irresistible drowsiness; and, further, of being in his own bedroom. He gave the cap a parting squeeze, in which his hand relaxed; and had barely time to reel to bed, before he sank into a heavy sleep.

—El mismo. Pasaba por delante de la ventana de la despacho, y como tenia sin echar los tableros, no he podido menos de verle. Su socio ha espirado, y él está allí, como siempre; solo; solo en el mando.

—Espíritu, dijo Scrooge con voz entrecortada; sácame de aquí.

—Os he advertido que os manifestaría las sombras de los que han sido: no me echéis la culpa si son como se presentan y no otra cosa.

—Sacadme: no puedo resistir más este espectáculo.

Y se volvió á mirar al espíritu; mas viendo que éste le contemplaba con un rostro que por extraña singularidad reunía todos los aspectos de las personas que le había ensenado, se arrojó sobre él.

— ¡Dejadme, gritó; cesad de perseguirme!

En la lucha, si lucha se podía llamar aquello, dado que el espectro, sin necesidad de oponer ninguna resistencia aparente, era invulnerable, Scrooge observó que el resplandor de la cabeza brillaba de cada vez más rutilante, relacionando con este hecho el poderoso influjo conexión sobre él hacia pesar el espíritu, cogió el apagador, y en un movimiento repentino se lo encasquetó al fantasma en la cabeza.

El espíritu se aplanó tanto bajo aquel sombrero fantástico, que desapareció casi por completo; pero por más que hacia Scrooge no alcanzaba á tapar del todo la luz bajo el apagador: en el suelo y por alrededor del fantasma aparecía un círculo de rayos luminosos.

Scrooge se sintió fatigado y con irresistibles ganas de dormir. Se vio en su alcoba, y haciendo un esfuerzo supremo jara encasquetar más el apagador, abrió la mano y apenas tuvo tiempo para arrojarse sobre el lecho antes de caer en profundo sueño.

STAVE THREE – THE SECOND OF THE THREE SPIRITS.

AWAKING in the middle of a prodigiously tough snore, and sitting up in bed to get his thoughts together, Scrooge had no occasion to be told that the bell was again upon the stroke of One. He felt that he was restored to consciousness in the right nick of time, for the especial purpose of holding a conference with the second messenger despatched to him through Jacob Marley's intervention. But finding that he turned uncomfortably cold when he began to wonder which of his curtains this new spectre would draw back, he put them every one aside with his own hands; and lying down again, established a sharp look-out all round the bed. For he wished to challenge the Spirit on the moment of its appearance, and did not wish to be taken by surprise, and made nervous.

Gentlemen of the free-and-easy sort, who plume themselves on being acquainted with a move or two, and being usually equal to the time-of-day, express the wide range of their capacity for adventure by observing that they are good for anything from pitch-and-toss to manslaughter; between which opposite extremes, no doubt, there lies a tolerably wide and comprehensive range of subjects. Without venturing for Scrooge quite as hardily as this, I don't mind calling on you to believe that he was ready for a good broad field of strange appearances, and that nothing between a baby and rhinoceros would have astonished him very much.

TERCERA ESTROFA – EL SEGUNDO DE LOS ESPÍRITUS.

Se despertó á causa de un sonoro ron quedo. Incorporándose en el lecho trató de recoger sus ideas. No hubo precisión de advertirle que el reloj iba á dar la una. Conoció por sí mismo que recobraba el conocimiento, en el instante crítico de trabar relaciones coa el segundo espíritu que debía acudirle por intervención de Jacobo Marley. Pareciéndole muy desagradable el escalofrío que experimentaba por adivinar hacía qué lado le descorrería las cortinas el nuevo espectro, las descorrió él mismo, y reclinando la cabeza sobre las almohadas, se puso ojo avizor, porque deseaba afrontar denodadamente al espíritu así que se le apareciese, y no ser sorprendido ni que le embargase una emoción demasiado viva.

Hay personas de espíritu despreocupado, hechas á no dudar de nada; que se ríen do toda clase de impresiones; que se consideran en todos los momentos á la altura de las circunstancias; que hablan de su inquebrantable valor enfrente de las aventuras mas imprevistas y se declaran preparados á todo, desde jugar á cara ó cruz basta con' prometerse en un lance de honor (oreo que apellidan de esta manera al suicidio). Entre estos dos extremos, aunque separados, á no dudarlo, por anchuroso espacio, existen infinidad de variedades. Sin que Scrooge fura un matón como los que acabo de indicar, no puedo menos de rogaros que veáis en él á una persona que estaba muy resuelta á desafiar un ilimitado número de extrañas y fantásticas apariciones, y a no admirarse absolutamente de nada, ya se tratase de un inofensivo niño en su cuna, ya de un rinoceronte.

Now, being prepared for almost anything, he was not by any means prepared for nothing; and, consequently, when the Bell struck One, and no shape appeared, he was taken with a violent fit of trembling. Five minutes, ten minutes, a quarter of an hour went by, yet nothing came. All this time, he lay upon his bed, the very core and centre of a blaze of ruddy light, which streamed upon it when the clock proclaimed the hour; and which, being only light, was more alarming than a dozen ghosts, as he was powerless to make out what it meant, or would be at; and was sometimes apprehensive that he might be at that very moment an interesting case of spontaneous combustion, without having the consolation of knowing it. At last, however, he began to think—as you or I would have thought at first; for it is always the person not in the predicament who knows what ought to have been done in it, and would unquestionably have done it too—at last, I say, he began to think that the source and secret of this ghostly light might be in the adjoining room, from whence, on further tracing it, it seemed to shine. This idea taking full possession of his mind, he got up softly and shuffled in his slippers to the door.

The moment Scrooge's hand was on the lock, a strange voice called him by his name, and bade him enter. He obeyed.

Pero si estaba preparado para casi todo, no lo estaba en realidad para no esperar cada, y por eso cuando el reloj dio la una, sin que apareciese ningún espíritu, se apoderó de él un escalofrío violento y se puso á temblar con todo su cuerpo. Transcurrieron cinco minutos, diez minutos, un cuarto de hora y nada se veía. Durante aquel tiempo permaneció tendido en la cama, sobre la que se reunían, como sobre un punto central, los rayos de una luz rojiza que lo iluminó completamente al dar la una. Esta luí, por si sola, lo producía más alarma que una docena de aparecidos, porque no podía comprender ni la significación ni la causa, y hasta se figuraba que era víctima de una combustión espontánea, sin el consuelo de saberlo. A lo ultimo comenzó á pensar (como vos y yo lo hubiéramos hecho desde luego, porque la persona que no se encuentra en una situación difícil es quien sabe lo que se debería hacer y lo que hubiera hecho); á lo último, digo, comenzó á pensar que el misterioso foco del fantástico resplandor podría estar en el aposento inmediato, de donde, á juzgar por el rastro lumínico, parecía venir. Esta idea se apoderó con tanta fuerza de Scrooge, que se levantó sobre la marcha, y poniéndose las zapatillas fue suavemente hacia la puerta.

En el momento en que ponía la mano sobre el picaporte, una voz extraña lo llamó por su nombre y le excitó á que entrase. Obedeció.

109

It was his own room. There was no doubt about that. But it had undergone a surprising transformation. The walls and ceiling were so hung with living green, that it looked a perfect grove; from every part of which, bright gleaming berries glistened. The crisp leaves of holly, mistletoe, and ivy reflected back the light, as if so many little mirrors had been scattered there; and such a mighty blaze went roaring up the chimney, as that dull petrification of a hearth had never known in Scrooge's time, or Marley's, or for many and many a winter season gone. Heaped up on the floor, to form a kind of throne, were turkeys, geese, game, poultry, brawn, great joints of meat, sucking-pigs, long wreaths of sausages, mince-pies, plum-puddings, barrels of oysters, red-hot chestnuts, cherry-cheeked apples, juicy oranges, luscious pears, immense twelfth-cakes, and seething bowls of punch, that made the chamber dim with their delicious steam. In easy state upon this couch, there sat a jolly Giant, glorious to see; who bore a glowing torch, in shape not unlike Plenty's horn, and held it up, high up, to shed its light on Scrooge, as he came peeping round the door.

"Come in!" exclaimed the Ghost. "Come in! and know me better, man!"

Scrooge entered timidly, and hung his head before this Spirit. He was not the dogged Scrooge he had been; and though the Spirit's eyes were clear and kind, he did not like to meet them.

"I am the Ghost of Christmas Present," said the Spirit. "Look upon me!"

Aquel era efectivamente su salón, no había duda, pero transformado de una manera admirable. Las paredes y el techo estaban magníficamente decorados de verde follaje: aquello parecía un verdadero bosque, lleno en su fronda de bayas relucientes y carmesíes. Las lustrosas hojas del acebo y de la hiedra reflejaban la luz como si fueran espejillos. En la chimenea brillaba un bien nutrido fuego, como no lo había conocido nunca en la época do Marley y en la de Scrooge. Amontonados sobre el suelo y formando como una especie de trono, había pavos, gansos, caza menor de modelase, carnes frías, cochinillos de leche, jamones, varas de longaniza, pasteles de picadillo, de pasas, barriles de ostras, castañas asadas, carmíneas manzanas, jugosas naranjas, suculentas peras, tortas de reyes y tazas de humeante ponche que oscurecía con sus deliciosas emanaciones la atmósfera del salón. Un gigante, de festivo aspecto, de simpática presencia, estaba echado con la mayor comodidad en aquella cama, teniendo en la mano una antorcha encendida, muy semejante al cuerno de la abundancia: la elevó por encima de su cabeza, á fin que alumbrase bien á Scrooge cuando éste entreabrió la puerta para ver aquello.

—Adelante, gritó el fantasma; adelante. Ho tengáis miedo de trabar relaciones conmigo.

Scrooge entró tímidamente haciendo una reverencia al espíritu. Ya no era el ceñudo Scrooge de antaño, y aunque las miradas del fantasma expresaban un carácter benévolo, bajó ante las de éste las suyas.

—Soy el espíritu de la presente Navidad, dijo el fantasma. Miradme bien.

Scrooge reverently did so. It was clothed in one simple green robe, or mantle, bordered with white fur. This garment hung so loosely on the figure, that its capacious breast was bare, as if disdaining to be warded or concealed by any artifice. Its feet, observable beneath the ample folds of the garment, were also bare; and on its head it wore no other covering than a holly wreath, set here and there with shining icicles. Its dark brown curls were long and free; free as its genial face, its sparkling eye, its open hand, its cheery voice, its unconstrained demeanour, and its joyful air. Girded round its middle was an antique scabbard; but no sword was in it, and the ancient sheath was eaten up with rust.

"You have never seen the like of me before!" exclaimed the Spirit.

"Never," Scrooge made answer to it.

"Have never walked forth with the younger members of my family; meaning (for I am very young) my elder brothers born in these later years?" pursued the Phantom.

"I don't think I have," said Scrooge. "I am afraid I have not. Have you had many brothers, Spirit?"

"More than eighteen hundred," said the Ghost.

"A tremendous family to provide for!" muttered Scrooge.

The Ghost of Christmas Present rose.

"Spirit," said Scrooge submissively, "conduct me where you will. I went forth last night on compulsion, and I learnt a lesson which is working now. To-night, if you have aught to teach me, let me profit by it."

"Touch my robe!"

Scrooge did as he was told, and held it fast.

Scrooge obedeció respetuosamente. El espectro vestía una sencilla túnica de color verde oscuro, orlada de una piel blandea. La llevaba tan descuidadamente puesta, que su ancho pecho aparecía al descubierto como si despreciase revestirse de ningún artificio. Los pies, que se veían por bajo de los anchos pliegues de la túnica, estaban igualmente desnudos. Cefea á la cabeza una corona de hojas de acebo sembradas de brillantes carámbanos. Las largas guedejas de su oscuro cabello pendían libremente; su rostro respiraba franqueza; sus miradas eran expresivas; su mano generosa; su voz alegre, y sus ademanes despojados de toda ficción. Suspendida del talle llevaba una vaina roñosa, pero sin espada.

—¡No habéis visto cosa que se le parezca! dijo el espíritu.

—Jamás.

—¿No habéis viajado con los individuo! más jóvenes de mi familia ; quiero deciros (porque yo soy joven) mis hermanos mayores de estos últimos años?

—No lo creo y aun sospecho que no. ¿Tenéis muchos hermanos?

—Más de mil ochocientos.

— ¡Familia terriblemente numerosa, gigante!

El espíritu de la Navidad se levantó.

—Conducidme, dijo con sumisión Scrooge, adonde queráis. He salido anoche contra mi voluntad y he recibido una lección que comienza á producir sus frutos. Si esta noche tenéis alguna cosa que enseñarme, os prometo que la aprovecharé.

-Tocad mi vestido.

Scrooge cumplió la orden y se agarró á la túnica.

Holly, mistletoe, red berries, ivy, turkeys, geese, game, poultry, brawn, meat, pigs, sausages, oysters, pies, puddings, fruit, and punch, all vanished instantly. So did the room, the fire, the ruddy glow, the hour of night, and they stood in the city streets on Christmas morning, where (for the weather was severe) the people made a rough, but brisk and not unpleasant kind of music, in scraping the snow from the pavement in front of their dwellings, and from the tops of their houses, whence it was mad delight to the boys to see it come plumping down into the road below, and splitting into artificial little snow-storms.

The house fronts looked black enough, and the windows blacker, contrasting with the smooth white sheet of snow upon the roofs, and with the dirtier snow upon the ground; which last deposit had been ploughed up in deep furrows by the heavy wheels of carts and waggons; furrows that crossed and re-crossed each other hundreds of times where the great streets branched off; and made intricate channels, hard to trace in the thick yellow mud and icy water. The sky was gloomy, and the shortest streets were choked up with a dingy mist, half thawed, half frozen, whose heavier particles descended in a shower of sooty atoms, as if all the chimneys in Great Britain had, by one consent, caught fire, and were blazing away to their dear hearts' content. There was nothing very cheerful in the climate or the town, and yet was there an air of cheerfulness abroad that the clearest summer air and brightest summer sun might have endeavoured to diffuse in vain.

Inmediatamente se desvaneció aquel conjunto de comestibles que en el salón había. El aposento, la luz rojiza, hasta la misma noche desaparecieron también, y los viajeros se encontraron en las calles de la ciudad la mañana de Navidad, cuando las gentes, bajo la impresión de un frio algo vivo, producían por todas partes una especie de música discordante, raspando la nieve amontonada delante de las casas ó barriéndola de los canalones, de donde se precipitaba en la calle con inmensa satisfacción de los niños, que creían ver en aquello como avalanchas en pequeño.

Las fachadas de los edificios, y aun más las ventanas, aparecían doblemente oscuras, por la diferencia que resultaba comparándolas con la nieve depositada en los tejados y aun con la de la calle, si bien ésta no conservaba la blancura de aquélla, pues los carromatos con sus macizas ruedas la habían surcado profundamente: los carriles se entrecruzaban de mil modos millares de veces en la desembocadura de las calles, formando un inextricable laberinto sobre el amarillento y endurecido lodo y sobre el agua congelada. Las calles más angostas desaparecían bajo una espesa niebla, la cual caía en forma de aguanieve, mezclada con hollín, como si todas las chimeneas de la Oran Bretaña se hubieran concertado para limpiarse alegremente. Londres, entonces, no tenía nada de agradable, y sin embargo, se echaba de ver por do quiera un aire tal de regocijo, que ni en el día más hermoso, ni bajo el sol más deslumbrante del verano se vería otro igual en efecto.

For, the people who were shovelling away on the housetops were jovial and full of glee; calling out to one another from the parapets, and now and then exchanging a facetious snowball—better-natured missile far than many a wordy jest—laughing heartily if it went right and not less heartily if it went wrong.

The poulterers' shops were still half open, and the fruiterers' were radiant in their glory. There were great, round, pot-bellied baskets of chestnuts, shaped like the waistcoats of jolly old gentlemen, lolling at the doors, and tumbling out into the street in their apoplectic opulence. There were ruddy, brown-faced, broad-girthed Spanish Onions, shining in the fatness of their growth like Spanish Friars, and winking from their shelves in wanton slyness at the girls as they went by, and glanced demurely at the hung-up mistletoe. There were pears and apples, clustered high in blooming pyramids; there were bunches of grapes, made, in the shopkeepers' benevolence to dangle from conspicuous hooks, that people's mouths might water gratis as they passed; there were piles of filberts, mossy and brown, recalling, in their fragrance, ancient walks among the woods, and pleasant shufflings ankle deep through withered leaves; there were Norfolk Biffins, squat and swarthy, setting off the yellow of the oranges and lemons, and, in the great compactness of their juicy persons, urgently entreating and beseeching to be carried home in paper bags and eaten after dinner. The very gold and silver fish, set forth among these choice fruits in a bowl, though members of a dull and stagnant-blooded race, appeared to know that there was something going on; and, to a fish, went gasping round and round their little world in slow and passionless excitement.

Los hombres que se ocupaban de limpiar la nieve de los tejados, parecían gozosos y satisfechos. Se llamaban unos á otros, y de rato en rato se dirigían, chanceándose, bolas de nieve (proyectil más inofensivo seguramente que muchos sarcasmos) riéndose cuando acertaban y aun más cuando mal.

Las tiendas de volatería estaban medio abiertas tan sólo: las de frutas y verduras lucían en todo su esplendor. Por esta partí se ostentaban á cada lado de las puertas, anchurosos y redondos canastos henchidos de soberbias castañas, como ostentan sobre su vientre el amplio chaleco los panzudos y viejos gastrónomos: aquellos canastos parecían próximos á caer, víctimas de su apoplética corpulencia. En otra parte figuraban las cebollas de España, rojas, de subido color, de abultadas formas, recordando por su gordura los frailes de su patria, y lanzando arrebatadoras miradas á las jóvenes que, al pasar por allí, se fijaban discretamente en las ramas de hiedra suspendi-didas de las paredes. Más allá, en apetitosos montones, peras y manzanas; racimos de uvas que los vendedores habían tenido la delicada atención de exponer, en lugar visible, para que áloe aficionados se les hiciera la boca agua y refrescaran así gratis; pilas de avellanas musgosas y morenas que traían á la memoria los paseos en el bosque, donde se hunde uno hasta el tobillo en las hojas secas; *biffens* de Norfolk gruesos y osero, que resaltaban el color de las naranjas y de los limones, recomendables por su aspecto jugoso, para que los compraran á fin de servirlos á los postres. Los peces de oro y de plata, expuestos es peceras, en medio de aquellos productos acogidos, si bien individuos de una raza trote y apática, parecían advertir, aunque peces, que sucedía algo extraordinario, porque giraban por su estrecho recinto con estúpida agitación.

The Grocers'! oh, the Grocers'! nearly closed, with perhaps two shutters down, or one; but through those gaps such glimpses! It was not alone that the scales descending on the counter made a merry sound, or that the twine and roller parted company so briskly, or that the canisters were rattled up and down like juggling tricks, or even that the blended scents of tea and coffee were so grateful to the nose, or even that the raisins were so plentiful and rare, the almonds so extremely white, the sticks of cinnamon so long and straight, the other spices so delicious, the candied fruits so caked and spotted with molten sugar as to make the coldest lookers-on feel faint and subsequently bilious. Nor was it that the figs were moist and pulpy, or that the French plums blushed in modest tartness from their highly-decorated boxes, or that everything was good to eat and in its Christmas dress; but the customers were all so hurried and so eager in the hopeful promise of the day, that they tumbled up against each other at the door, crashing their wicker baskets wildly, and left their purchases upon the counter, and came running back to fetch them, and committed hundreds of the like mistakes, in the best humour possible; while the Grocer and his people were so frank and fresh that the polished hearts with which they fastened their aprons behind might have been their own, worn outside for general inspection, and for Christmas daws to peck at if they chose.

¡Y los ultramarinos! Sus tiendas estaban can cerradas, excepto un tablero ó dos, pero ¡qué magníficas cosas se podían ver por las aberturas de estos! No era solamente el agradable sonido de las balanzas al caer sobre el mostrador, ni el crujido del bramante entre las hojas de las tijeras que lo separaban del carrete para atar los líos, ni el rechinamiento incesante de las cajas de hoja de lata donde se conserva el thé ó el café para servirlo á los parroquianos. Iras, tras, tras, sobre el mostrador; aparecen, desaparecen, se revuelven entre las manos de los dependientes como los cubiletes entre las de un prestidigitador. Allí no se debía fijar uno especialmente en el aroma del té y de los cafés tan agradables al olfato. Las pasas hermosas y abundantes; las almendras tan blancas; las cañas de canela tan largas y rectas; las demás especias tan gustosas; las frutas confitadas y envueltas en azúcar candé, á cuya sola vista los curiosos se chupaban el dedo; los jugosos y gruesos higos; las ciruelas de Tours y de Agen, de suave color rojo y gusto ácido, en sus ricas cestillas; y por último, todo lo que allí había adornado con su traje de fiesta, llamaba la atención. Era preciso ver á los afanosos parroquianos realizar los proyectos que habían formado para aquel día, empujarse, tropezarse violentamente con la banasta de las provisiones, olvidándose, á lo mejor, de sus compras, volviendo á buscarlas precipitadamente, cometiendo otras equivocaciones, pero sin perder el buen humor, entretanto que el dueño de la tienda y sus dependientes daban tantas muestras de amabilidad y de franqueza que no había más que pedir.

But soon the steeples called good people all to church and chapel, and away they came, flocking through the streets in their best clothes, and with their gayest faces. And at the same time there emerged from scores of bye-streets, lanes, and nameless turnings, innumerable people, carrying their dinners to the bakers' shops. The sight of these poor revellers appeared to interest the Spirit very much, for he stood with Scrooge beside him in a baker's doorway, and taking off the covers as their bearers passed, sprinkled incense on their dinners from his torch. And it was a very uncommon kind of torch, for once or twice when there were angry words between some dinner-carriers who had jostled each other, he shed a few drops of water on them from it, and their good humour was restored directly. For they said, it was a shame to quarrel upon Christmas Day. And so it was! God love it, so it was!

In time the bells ceased, and the bakers were shut up; and yet there was a genial shadowing forth of all these dinners and the progress of their cooking, in the thawed blotch of wet above each baker's oven; where the pavement smoked as if its stones were cooking too.

"Is there a peculiar flavour in what you sprinkle from your torch?" asked Scrooge.

"There is. My own."

"Would it apply to any kind of dinner on this day?" asked Scrooge.

"To any kindly given. To a poor one most."

"Why to a poor one most?" asked Scrooge.

"Because it needs it most."

Pero luego llamaron las campanas de las iglesias y de las capillas á que se acudiese á los oficios: bandadas de gentes vestidas con sus mejores trajes, con muestras de júbilo y ocupando de lado á lado las calles acudieron al llamamiento. A la vez y desembocando de las callejuelas laterales y de los pasadizos, se dirigieron un gran número de personas á los hornos para que les asaran las comidas. Esto inspiró un interés grandísimo al espíritu, porque situándose con Scrooge á la puerta de una tahona, levantaba la tapadera de los platos, á medida que los iban llevando, y como que los regaba de incienso con su antorcha; antorcha bien extraordinaria en verdad, porque en dos ocasiones, habiéndose tropezado, un poco bruscamente, algunos de los portadores de comidas, á causa de la prisa que llevaban, dejó caer sobre ellos unas pocas gotas de agua, é inmediatamente los enojados tomaron á risa el fracaso, diciendo que era una vergüenza reñir en Navidad. Y nada más cierto, Dios mío, nada más cierto.

Poco á poco fueron cesando las campanas y las tahonas se cerraron, pero quedaba como un placer anticipado de las comidas, de los progresos que iban haciendo, en el vapor que se distendía por el aire escapándose de los encendidos hornos.

—¿Tienen alguna   virtud particular las gotas que se desprenden de vuestra antorcha? preguntó Scrooge.

—Seguramente: mi virtud.

—¿Puede comunicarse á toda clase de comida hoy?

— A toda clase de manjar ofrecido de buen corazón y particularmente á las personas más pobres.

—¿Y por qué á las más pobres?

—Porque son las que sienten mayor necesidad.

"Spirit," said Scrooge, after a moment's thought, "I wonder you, of all the beings in the many worlds about us, should desire to cramp these people's opportunities of innocent enjoyment."

"I!" cried the Spirit.

"You would deprive them of their means of dining every seventh day, often the only day on which they can be said to dine at all," said Scrooge. "Wouldn't you?"

"I!" cried the Spirit.

"You seek to close these places on the Seventh Day?" said Scrooge. "And it comes to the same thing."

"*I* seek!" exclaimed the Spirit.

"Forgive me if I am wrong. It has been done in your name, or at least in that of your family," said Scrooge.

"There are some upon this earth of yours," returned the Spirit, "who lay claim to know us, and who do their deeds of passion, pride, ill-will, hatred, envy, bigotry, and selfishness in our name, who are as strange to us and all our kith and kin, as if they had never lived. Remember that, and charge their doings on themselves, not us."

—Espíritu, dijo Scrooge después de meditar un rato; estoy admirado de que los seres que se agitan en las esferas suprasensibles, que espíritus como vosotros, se hayan encargado de una comisión poco caritativa; la de privar á esas pobres gentes de las cesiones que se les ofrecen de disfrutar un placer inocente.

—¡Yo! exclamó el espíritu.

—Sí, porque les priváis de medios de comer cada ocho días; en el día en que se puede decir verdaderamente que comen. ¿No es positivo?

-¿Yo?

—Ciertamente: ¿no consiste en vosotros que esos hornos se cierren en el día del sábado? ¿No resulta entonces lo que yo he dicho?

—¿Yo, yo, busco eso?—¡Perdonadme ni me he equivocado! Eso se hace en vuestro nombre ó por lo menos en el de vuestra familia.

—Hay, dijo el espíritu, en la tierra donde habitáis, hombres que abrigan la presan ion de convencernos, y que se sirven de nuestro nombre para satisfacer sus culpables pasiones, el orgullo, la perversidad, el odio, la envidia, la mojigatería y el egoísmo, pero son tan ajenos á nosotros y á nuestra familia, como si no hubieran nacido nunca. Acordaos de esto y otra vez haced les responsables de lo que hagan y no á nosotros.

Scrooge promised that he would; and they went on, invisible, as they had been before, into the suburbs of the town. It was a remarkable quality of the Ghost (which Scrooge had observed at the baker's), that notwithstanding his gigantic size, he could accommodate himself to any place with ease; and that he stood beneath a low roof quite as gracefully and like a supernatural creature, as it was possible he could have done in any lofty hall.

And perhaps it was the pleasure the good Spirit had in showing off this power of his, or else it was his own kind, generous, hearty nature, and his sympathy with all poor men, that led him straight to Scrooge's clerk's; for there he went, and took Scrooge with him, holding to his robe; and on the threshold of the door the Spirit smiled, and stopped to bless Bob Cratchit's dwelling with the sprinkling of his torch. Think of that! Bob had but fifteen "Bob" a-week himself; he pocketed on Saturdays but fifteen copies of his Christian name; and yet the Ghost of Christmas Present blessed his four-roomed house!

Scrooge se lo prometió y de seguida se trasladaron, siempre invisibles, á los arrabales de la ciudad. En el espíritu residía una facultad maravillosa (y Scrooge lo advirtió en la tahona); la de poder sin inconveniente, y á pesar de su gigantesca estatura, acomodarse á todos los lugares, sin que bajo el techo menos elevado perdiese nada de su elegancia, de su natural majestad, como si se encontrase dentro de la bóveda más elevada de un palacio.

Impulsado, acaso, por el gusto que tenía el espíritu en demostrar esta facultad suya, ó por su naturaleza benévola y generosa para con los pobres, condujo á Scrooge al domicilio de su dependiente. Al atravesar los umbrales, sonrió el espíritu y se dé, cavo para cenar una bendición, regando Además con la antorcha el humilde recinto de Bob Cratchit. Eso es. Bob no tenía más que quince Bob por semana: cada sábado se le entregaban quince ejemplares de su nombre de pila, y sin embargo, no por eso dejó el espíritu de la Navidad de bendecir aquella pobre morada compuesta de cuatro aposentos.

Then up rose Mrs. Cratchit, Cratchit's wife, dressed out but poorly in a twice-turned gown, but brave in ribbons, which are cheap and make make a goodly show for sixpence; and she laid the cloth, assisted by Belinda Cratchit, second of her daughters, also brave in ribbons; while Master Peter Cratchit plunged a fork into the saucepan of potatoes, and getting the corners of his monstrous shirt collar (Bob's private property, conferred upon his son and heir in honour of the day) into his mouth, rejoiced to find himself so gallantly attired, and yearned to show his linen in the fashionable Parks. And now two smaller Cratchits, boy and girl, came tearing in, screaming that outside the baker's they had smelt the goose, and known it for their own; and basking in luxurious thoughts of sage and onion, these young Cratchits danced about the table, and exalted Master Peter Cratchit to the skies, while he (not proud, although his collars nearly choked him) blew the fire, until the slow potatoes bubbling up, knocked loudly at the saucepan-lid to be let out and peeled.

"What has ever got your precious father then?" said Mrs. Cratchit. "And your brother, Tiny Tim! And Martha warn't as late last Christmas Day by half-an-hour?"

"Here's Martha, mother!" said a girl, appearing as she spoke.

"Here's Martha, mother!" cried the two young Cratchits. "Hurrah! There's *such* a goose, Martha!"

Entonces se levantó Mrs. Cratchit, mujer de Cratchit, vestida con un traje vuelto, pero en compensación adornada de muchas cintas muy baratas, de esas cintas que producen tan buen efecto no obstante lo poquísimo que valen. Estaba disponiendo la mesa, ayudada de Belinda Cratchit, la segunda de sus bijas, tan encintada como su buena madre, mientras que maese Pedro Cratchit, el mayor de los hijos, metí ata tenedor en la marmita llena de patatas y estiraba cuanto le era posible su enorme cuello de camisa; no precisamente su cuello, sino el de su padre, pues éste se lo había prestado, en honor de la Navidad, á su heredero presuntivo, quien orgulloso de verse tan acicalado, ansiaba lucirse en el paseo más concurrido y elegante. Otros dos pequeños Cratchit, niño y niña, penetraron en la habitación diciendo que habían olfateado el pato en la tahona y conocido que era el de ellos. Engolosinados antemano con la idea de la salsa de cebolla y salvia, rompieron á bailar en torno de la mueva, ensalzando hasta el firmamento la habilidad de maese Cratchit, el cocinero de aquel día, en tanto que este último (tieso de orgullo á pesar de que el abundoso cuello amenazaba ahogarle) atizaba el fuego para ganar el tiempo perdido, hasta hacer que las patatas saltasen, al cocer, á chocar con la tapadera del perol, advirtiendo con esto que estaban ya á punto para ser sacadas y peladas.

—¿Por qué se retrasará tanto vuestro excelente padre? dijo Mrs. Cratchit ¿Y vuestro hermano Tiny Tim? ¿Y Marta? El año pasado vino media hora antes.

—Aquí está Marta, madre, grito una joven que entraba en aquel momento.

—Aquí está Marta, madre, gritaron los dos jóvenes Cratchit. ¡Viva! ¡Si supieras, Marta, que pato tan hermoso tenemos!

"Why, bless your heart alive, my dear, how late you are!" said Mrs. Cratchit, kissing her a dozen times, and taking off her shawl and bonnet for her with officious zeal.

"We'd a deal of work to finish up last night," replied the girl, "and had to clear away this morning, mother!"

"Well! Never mind so long as you are come," said Mrs. Cratchit. "Sit ye down before the fire, my dear, and have a warm, Lord bless ye!"

"No, no! There's father coming," cried the two young Cratchits, who were everywhere at once. "Hide, Martha, hide!"

So Martha hid herself, and in came little Bob, the father, with at least three feet of comforter exclusive of the fringe, hanging down before him; and his threadbare clothes darned up and brushed, to look seasonable; and Tiny Tim upon his shoulder. Alas for Tiny Tim, he bore a little crutch, and had his limbs supported by an iron frame!

"Why, where's our Martha?" cried Bob Cratchit, looking round.

"Not coming," said Mrs. Cratchit.

"Not coming!" said Bob, with a sudden declension in his high spirits; for he had been Tim's blood horse all the way from church, and had come home rampant. "Not coming upon Christmas Day!"

—¡Ah querida hija! ¡Que Dios te bendiga! Qué tarde vienes, dijo Mrs. Cratchit abrazándola una docena de veces, y desnudándola con ternura del mantón y del sombrero.

— Ayer teníamos mucho trabajo, madre, y ha sido preciso entregarlo hoy por la mañana.

—Bien, bien; no pensemos en ello puesto que estás aquí. Acércate á la chimenea y caliéntate.

—No, no, gritaron los dos niños. Ahí está padre: Marta escóndete.

Y Marta se escondió. A poco hicieron su entrada el pequeño Bob y el padre Bob; este con un tapaboca que le colgaba lo menos tres pies por delante, sin contar la franja.

Su traje aunque raido estaba perfectamente arreglado y cepillado para honrar la fiesta. Bob llevaba á Tiny Tim en los hombros, porque el pobre niño como raquítico que era, tenía que usar una muleta y un aparato en las piernas para sostenerse.

—¿Dónde está nuestra Marta? preguntó Bob mirando á todos lados.

—No viene, dijo Mrs. Cratchit.

—¡Qué no viene! exclamó Bob poseído de un abatimiento repentino, y perdiendo do un golpe torio el regocijo con que había traído á Tiny Tim de la iglesia como si hubiera sido su caballo. ¡No viene para celebrar la Navidad!

Martha didn't like to see him disappointed, if it were only in joke; so she came out prematurely from behind the closet door, and ran into his arms, while the two young Cratchits hustled Tiny Tim, and bore him off into the wash-house, that he might hear the pudding singing in the boiler.

"And how did little Tim behave?" asked Mrs. Cratchit, when she had rallied Bob on his credulity, and Bob had hugged his daughter to his heart's content.

"As good as gold," said Bob, "and better. Somehow he gets thoughtful, sitting by himself so much, and thinks the strangest things you ever heard. He told me, coming home, that he hoped the people saw him in the church because he was a cripple, and it might be pleasant to them to remember upon Christmas Day, who made lame beggars walk, and blind men see."

Bob's voice was tremulous when he told them this, and trembled more when he said that Tiny Tim was growing strong and hearty.

His active little crutch was heard upon the floor, and back came Tiny Tim before another word was spoken, escorted by his brother and sister to his stool before the fire; and while Bob, turning up his cuffs—as if, poor fellow, they were capable of being made more shabby—compounded some hot mixture in a jug with gin and lemons, and stirred it round and round and put it on the hob to simmer; Master Peter, and the two ubiquitous young Cratchits went to fetch the goose, with which they soon returned in high procession.

Murta no pudo resistir verlo contrariado de aquel 'a manera, ni aun en chanza, y salió presurosa del escondite donde se hallaba detrás de la puerta del gabinete, para echarse en brazos de su padre, mientras que los dos pequeños se apoderaban de Tiny Tim para llevarlo al cuarto de lavado, á fin de que oyese el hervor que bacía el pudding dentro del perol.

— ¿Qué tal se ha portado el pequeño Tiny Tim? preguntó Ms. Cratchit después de burlarse de la credulidad de su marido, y que éste hubo abrazado á su hija.

—Como una alhaja y más todavía. En la necesidad en que se encuentra de estar mucho tiempo sentado y solo, la reflexión madura mucho en él, y no puedes imago liarte los pensamientos que le ocurren. Me decía, al volver, que confiaba en haber sido notado por los asistentes á la iglesia, en atención á que es cojo y á que os cristianos deben tener gusto de recordar, tan días como, este, al que devolvía á los cojos las piernas y á los ciegos la vista.

La voz de Bob revelaba una intensa emoción al repetir estas palabras: aun fue mayor cuando añadió que Tiny Tim se robustecía de cada vez más.

Se oyó en esto el ruido que causaba sobre el pavimento la pequeña muleta del niño, el cual entró en compañía de sus dos hermanos. Bob, recogiéndose las mangas, como si pudieran ¡pobre mozo! gastarse más, compuso, con ginebra y límanos, una especie de bebida caliente, después de haberla agitado bien en todos sentidos, mientras que su hijo Pedro y los dos más pequeños, que sabían acudir á todas partes, iban á buscar el pato con el cual regresaron muy pronto, llevándolo en procesión triunfal.

Such a bustle ensued that you might have thought a goose the rarest of all birds; a feathered phenomenon, to which a black swan was a matter of course—and in truth it was something very like it in that house. Mrs. Cratchit made the gravy (ready beforehand in a little saucepan) hissing hot; Master Peter mashed the potatoes with incredible vigour; Miss Belinda sweetened up the apple-sauce; Martha dusted the hot plates; Bob took Tiny Tim beside him in a Tiny Tim corner at the table; the two young Cratchits set chairs for everybody, not forgetting themselves, and mounting guard upon their posts, crammed spoons into their mouths, lest they should shriek for goose before their turn came to be helped. At last the dishes were set on, and grace was said. It was succeeded by a breathless pause, as Mrs. Cratchit, looking slowly all along the carving-knife, prepared to plunge it in the breast, but when she did, and when the long expected gush of stuffing issued forth, one murmur of delight arose all round the board, and even Tiny Tim, excited by the two young Cratchits, beat on the table with the handle of his knife, and feebly cried Hurrah!

A juzgar por el alboroto que produjo la presentacion, se hubiera creido que el pato es la más extraña de vas aves, un fenómeno de pluma, con respecto al cual un cisne negro seria una cosa vulgar; y en verdad que tratándose de aquella pobre familia la admiracion era muy lógica. Mrs. Cratchit hizo hervir la pringue, preparada con anticipación; el heredero Cratchit majó las patatas con un vigor extraordinario; Miss Belinda azucaró la salsa de manzanas; Marta limpió los platos; Bob hizo sentar á Tiny en uno de los ángulos de la mesa y los Cratchit más pequeños colocaron sillas para todo el mundo, sin olvidarse, por supuesto, de sí, mismos, y una vez preparados, se metieron las cucharas en la boca, para no caer en la tentacion de pedir del pato antes de que les correspondiera el turno. Por fin llegó el momento de poner los platos, y rezada la bendicion, que fué seguida de un silencio general, Mrs. Cratchit, recorriendo cuidadosamente con la vista la hoja del cuchillo de trinchar, se preparó á hundirlo en el cuerpo del pato. Apenas lo hubo hecho; apenas se escapó el relleno por la abertura, un murmullo de satisfacción se levantó por todas partes, y hasta el mismo Tiny Tim, excitado por sus hermanos más pequeños, golpeó con el mango de su cuchillo la mesa y gritó: hurra.

There never was such a goose. Bob said he didn't believe there ever was such a goose cooked. Its tenderness and flavour, size and cheapness, were the themes of universal admiration. Eked out by apple-sauce and mashed potatoes, it was a sufficient dinner for the whole family; indeed, as Mrs. Cratchit said with great delight (surveying one small atom of a bone upon the dish), they hadn't ate it all at last! Yet every one had had enough, and the youngest Cratchits in particular, were steeped in sage and onion to the eyebrows! But now, the plates being changed by Miss Belinda, Mrs. Cratchit left the room alone—too nervous to bear witnesses—to take the pudding up and bring it in.

Suppose it should not be done enough! Suppose it should break in turning out! Suppose somebody should have got over the wall of the back-yard, and stolen it, while they were merry with the goose—a supposition at which the two young Cratchits became livid! All sorts of horrors were supposed.

Hallo! A great deal of steam! The pudding was out of the boiler. A smell like a washing-day! That was the cloth. A smell like an eating-house and a pastrycook's next door to each other, with a laundress's next door to that! That was the pudding! In half a minute Mrs. Cratchit entered—flushed, but smiling proudly—with the pudding, like a speckled cannon-ball, so hard and firm, blazing in half of half-a-quartern of ignited brandy, and bedight with Christmas holly stuck into the top.

Oh, a wonderful pudding! Bob Cratchit said, and calmly too, that he regarded it as thegreatest success achieved by Mrs. Cratchit since their marriage. Mrs. Cratchit said that now the weight was off her mind, she would confess she had had her doubts about the quantity of flour.

—Nunca, dijo Bob, se había visto un pato igual. Su sabor, su gordura, su bajo precio, lo tierno que estaba, fueron el texto comentado de la admiración universal: con la salsa de manzanas y el puré de patatas hubo bastante para la comida de todos ellos. Mrs. Cratchit notando un pequeño resto de ha so, dijo que no se habían podido comer todo el pato: la familia entera estaba satisfecha, particularmente los pequeños Cratchit así tos llenos, [hasta los ojos, de salsa de cebollas. Una vez cambiados los platos por Miss Belinda, su madre salió del comedor, pero sola, pues la emoción que le dominaba por el importante acto que iba á cumplir, requería que no la molestaran testigos, salió para servir el pudding.

¡Oh! ¡Oh! ¡Qué vapor tan espeso! Sin duda había sacado el pudding del caldero. ¡Qué mezcla de perfumes tan apetitosos, de esos perfumes que recuerdan el restaurant, la pastelería de la casa de al lado. ¡Era el pudding! Después de medio minuto escaso de ausencia, Mrs. Cratchit, con la cara encendida, sonriente y triunfante, volvió á la mesa, en la que presentó el pudding, muy parecido á una bala de cañón en lo duro y firme, y flotando en media azumbre de aguardiente encendido, y todo coronado por la rama de acebo, símbolo de la Navidad.

¡Qué maravilloso pudding! Bob Cratchit dijo, de una manera formal y seria, que lo consideraba como la obra maestra de Mrs. Cratchit desde que se habían casado, á lo que respondió la interesada, que ahora que ya no tenía ese peso sobre el corazón, confesaba las dudas que había tenido, acerca de su tino en echar la harina.

Everybody had something to say about it, but nobody said or thought it was at all a small pudding for a large family. It would have been flat heresy to do so. Any Cratchit would have blushed to hint at such a thing.

At last the dinner was all done, the cloth was cleared, the hearth swept, and the fire made up. The compound in the jug being tasted, and considered perfect, apples and oranges were put upon the table, and a shovel-full of chestnuts on the fire. Then all the Cratchit family drew round the hearth, in what Bob Cratchit called a circle, meaning half a one; and at Bob Cratchit's elbow stood the family display of glass. Two tumblers, and a custard-cup without a handle.

These held the hot stuff from the jug, however, as well as golden goblets would have done; and Bob served it out with beaming looks, while the chestnuts on the fire sputtered and cracked noisily. Then Bob proposed:

"A Merry Christmas to us all, my dears. God bless us!"

Which all the family re-echoed.

"God bless us every one!" said Tiny Tim, the last of all.

He sat very close to his father's side upon his little stool. Bob held his withered little hand in his, as if he loved the child, and wished to keep him by his side, and dreaded that he might be taken from him.

"Spirit," said Scrooge, with an interest he had never felt before, "tell me if Tiny Tim will live."

Todos expedientaron la necesidad de decir algo, pero ninguno se cuidó, si tuvo tal idea, de decir que era un pudding bien pequeño para tan numerosa familia. Verdaderamente hubiera sido muy feo pensarlo ó decirlo: ningún Cratchit hubiera dejado de sonrojarse de vergüenza.

Así que terminó la comida quitaron los manteles, fué barrida la estancia y reanimada la chimenea. Se probó el grog compuesto por Bob y lo encontraron excelente; colocaron en la mesa manzanas y naranjas y entre el rescoldo un buen puñado de castañas. A seguida la familia se arregló alrededor de la chimenea, en círculo como decía Cratchit, en vez de semicírculo, y prepararon toda la cristalería do ¡a familia, consistente en dos vasos y una pequeña taza de servir crema, sin asa. Y esto ¿qué importaba? No por eso dejaban de contener oí hirviente licor como si hubieran sido vasos de oro, y Bob escanció la bebida radiante de júbilo, mientras que las castañas se asaban resquebrajándose con ruido al calor del fuego. Entonces Bob pronunció este brindis.

—Felices Páscuas para todos nosotros y nuestros amigos. ¡Que Dios nos bendiga!

Y toda la familia contestó unánimemente.

—¡Que Dios bendiga á cada uno de nosotros! dijo Tiny Tim el último do todos.

Estaba sentido en un taburete cerca de simpatía Bob le tenía egida la descarnada mano, como si hubiera querido darle una muestra especial de ternura, y conservarlo á su lado de miedo que se lo quitasen.

—Espíritu, dijo Scrooge con un interés que hasta entonces no había manifestado: decidme si Tiny Tim vivirá.

"I see a vacant seat," replied the Ghost, "in the poor chimney-corner, and a crutch without an owner, carefully preserved. If these shadows remain unaltered by the Future, the child will die."

"No, no," said Scrooge. "Oh, no, kind Spirit! say he will be spared."

"If these shadows remain unaltered by the Future, none other of my race," returned the Ghost, "will find him here. What then? If he be like to die, he had better do it, and decrease the surplus population."

Scrooge hung his head to hear his own words quoted by the Spirit, and was overcome with penitence and grief.

"Man," said the Ghost, "if man you be in heart, not adamant, forbear that wicked cant until you have discovered What the surplus is, and Where it is. Will you decide what men shall live, what men shall die? It may be, that in the sight of Heaven, you are more worthless and less fit to live than millions like this poor man's child. Oh God! to hear the Insect on the leaf pronouncing on the too much life among his hungry brothers in the dust!"

Scrooge bent before the Ghost's rebuke, and trembling cast his eyes upon the ground. But he raised them speedily, on hearing his own name.

"Mr. Scrooge!" said Bob; "I'll give you Mr. Scrooge, the Founder of the Feast!"

"The Founder of the Feast indeed!" cried Mrs. Cratchit, reddening. "I wish I had him here. I'd give him a piece of my mind to feast upon, and I hope he'd have a good appetite for it."

"My dear," said Bob, "the children! Christmas Day."

—Veo un sitio desocupado en el seno de de esa pobre familia, y una muleta sin du el no cuidadosamente conservada. Si mi sucesor no altera el curso de las cosas, morirá el niño.

—No, no, buen espíritu: no; decid que viva.

—Si mi sucesor no altera el curso de las cosas en esas imágenes que descubren el porvenir, ninguno de mi raza verá á ese niño. Si muere disminuirá así el excedente de la población.

Scrooge bajó la cabeza cuando oyó al espíritu repetir aquellas palabras, y el dolor y el remordimiento se apoderaron de él.

—Hombre, añadió el espíritu; si poseéis un corazón de hombre, y no de piedra, dejad de valeros de esa jerigonza despreciable, hasta que sopáis lo que es ese excedente y dónde se encuentra. ¿Os atreveríais á señalar loa hombres que deben vivir y los que deben morir? Es muy posible que á los ojos de Dios seáis menos digno de vivir que millones de criaturas semejantes al hijo de ese pobre hombre. ¡Dios mío! que un insecto oculto entre las hojas diga que hay demasiados insecto vivientes, refiriéndose á sus famélicos hermanos que se revuelcan en el polvo!

Scrooge se humilló ante la reprimenda del espíritu, y temblando bajó los ojos. Pronto los levantó oyendo pronunciar su nombre.

—¡Ah, Mr. Scrooge ! dijo Bob; bebamos á la salud de él, puesto que le debemos este humilde festín.

—¡Buen principal está! exclamó Mrs. Cratchit roja de cólera; quisiera verle aquí para servirle un plato de mi gusto. Buen apetito había de tener para comerlo.

—Querida mía, dijo Bob; los hijos la Navidad.

"It should be Christmas Day, I am sure," said she, "on which one drinks the health of such an odious, stingy, hard, unfeeling man as Mr. Scrooge. You know he is, Robert! Nobody knows it better than you do, poor fellow!"

"My dear," was Bob's mild answer, "Christmas Day."

"I'll drink his health for your sake and the Day's," said Mrs. Cratchit, "not for his. Long life to him! A merry Christmas and a happy new year! He'll be very merry and very happy, I have no doubt!"

The children drank the toast after her. It was the first of their proceedings which had no heartiness. Tiny Tim drank it last of all, but he didn't care twopence for it. Scrooge was the Ogre of the family. The mention of his name cast a dark shadow on the party, which was not dispelled for full five minutes.

After it had passed away, they were ten times merrier than before, from the mere relief of Scrooge the Baleful being done with. Bob Cratchit told them how he had a situation in his eye for Master Peter, which would bring in, if obtained, full five-and-sixpence weekly. The two young Cratchits laughed tremendously at the idea of Peter's being a man of business; and Peter himself looked thoughtfully at the fire from between his collars, as if he were deliberating what particular investments he should favour when he came into the receipt of that bewildering income.

—Se necesita que nos encontremos en tal día para beber á la salud de un hombre tas aborrecible, tan avaro, tan duro como Mr. Scrooge. Ya sabéis que es todo eso. Ninguno lo puede decir mejor que vos, mi pobre marido.

—Querida mía, insistió dulcemente Bob, el día de Navidad.....

—Beberé á su salud por amor á vos y en honra del día, mas no por él. Le deseo, pues, larga vida, felices Pascuas y dichoso año. Ho aquí con qué dejarlo bien contento, pero lo dudo.

Los niños secundaron el brindis, y esto fue lo único que no hicieron de buena gana en aquel día. Tiny Tim bebió el último, pero hubiese dado su brindis por un perro chico. Scrooge era el vampiro de la familia: su nombre anubló la satisfacción de a que Has personas, pero fue cosa de cinco mi ñuto.

Pasados estos y desvanecido el recuerdo de Scrooge, Bob anunció que ya le habían prometido colocar á su hijo mayor con algo más de cinco chelines por semana. Los pequeños Cratchit rieron como locos, pensando que su hermano iba á tomar parce en los negocios, y el interesado miró con aire meditabundo, y por entre los picos del cuello de la camisa, al fuego, como si ya reflexionase acerca de la colocación que daría á una renta tan comprometedora.

Martha, who was a poor apprentice at a milliner's, then told them what kind of work she had to do, and how many hours she worked at a stretch, and how she meant to lie abed to-morrow morning for a good long rest; to-morrow being a holiday she passed at home.

Also how she had seen a countess and a lord some days before, and how the lord "was much about as tall as Peter;" at which Peter pulled up his collars so high that you couldn't have seen his head if you had been there.

All this time the chestnuts and the jug went round and round; and by-and-bye they had a song, about a lost child travelling in the snow, from Tiny Tim, who had a plaintive little voice, and sang it very well indeed.

There was nothing of high mark in this. They were not a handsome family; they were not well dressed; their shoes were far from being water-proof; their clothes were scanty; and Peter might have known, and very likely did, the inside of a pawnbroker's. But, they were happy, grateful, pleased with one another, and contented with the time; and when they faded, and looked happier yet in the bright sprinklings of the Spirit's torch at parting, Scrooge had his eye upon them, and especially on Tiny Tim, until the last.

Marta, pobre aprendiz en un establecimiento de modista, refirió la clase de obra que tenía que hacer y las horas que necesitaba trabajar sin descanso, regocijándose con la idea de que al siguiente día podría permanecer más que de costumbre en el lecho.

Añadió que acababa de ver á un lord y una condesa, aquél de la misma estatura que Pedro, con lo que éste se levantó tanto el cuello de la camisa, que casi no se le veía la cabeza. Durante la conversación las castañas y el grog circulaban de mano en mano, y Tiny Tim cantó una balada relatara á un niño perdido entre las nieves. Tiny Tim poseía una vocecita lastimera y lo hizo admirablemente, por quien soy.

En todo aquello no había ciertamente nada de aristocrático. Aquella no era una hermosa familia. Ninguno de ellos estaba bien vestido. Tenian los zapatos en mal uso y hasta Pedro hubiera podido con su traje hacer negocio con un ropavejero; sin embargo, todos eran felices, y vivian en las mejores relaciones, satisfechos de su condición. Cuando Scrooge se separó de ellos se manifestaron más alegres de cada vez, gracias al benéfico influjo de la antorcha del espíritu, así es que continuó mirándolos basta que se desvanecieron, y especialmente a Tiny Tim.

By this time it was getting dark, and snowing pretty heavily; and as Scrooge and the Spirit went along the streets, the brightness of the roaring fires in kitchens, parlours, and all sorts of rooms, was wonderful. Here, the flickering of the blaze showed preparations for a cosy dinner, with hot plates baking through and through before the fire, and deep red curtains, ready to be drawn to shut out cold and darkness. There all the children of the house were running out into the snow to meet their married sisters, brothers, cousins, uncles, aunts, and be the first to greet them. Here, again, were shadows on the window-blind of guests assembling; and there a group of handsome girls, all hooded and fur-booted, and all chattering at once, tripped lightly off to some near neighbour's house; where, woe upon the single man who saw them enter—artful witches, well they knew it—in a glow!

But, if you had judged from the numbers of people on their way to friendly gatherings, you might have thought that no one was at home to give them welcome when they got there, instead of every house expecting company, and piling up its fires half-chimney high. Blessings on it, how the Ghost exulted! How it bared its breadth of breast, and opened its capacious palm, and floated on, outpouring, with a generous hand, its bright and harmless mirth on everything within its reach! The very lamplighter, who ran on before, dotting the dusky street with specks of light, and who was dressed to spend the evening somewhere, laughed out loudly as the Spirit passed though little kenned the lamplighter that he had any company but Christmas!

Habia llegado la noche, oscura y lóbrega. Mientras Scrooge y el espíritu recorrían las calles, la lumbre chisporroteaba en las cocinas, en los solones, en todas partes, produciendo maravillosos efectos. Aquí la llama vacilante dejaba ver los preparativos de una modesta pero excelente comida de familia, en una estancia que preservaban del frio de la calle por medio de espesos cortinajes de color rojo oscuro. Por allá todos los hijos de la casa, desafiando la temperatura, salian al encuentro de sus hermanas casadas, de sus hermanos, de sus tios, de sus primos para anticiparse a saludarlos. Por otras partes los perfiles de los convidados se divisaban a través de los visillos. Una porción de hermosas jóvenes, encapuchadas y calzadas de fuertes zapatos, hablando todas a la vez, se dirigían apresuradamente a casa de su vecina. ¡Infeliz del célibe (las astutas hechiceras lo sabían perfectamente) que las viese entonces penetrar en la casa con los semblantes coloreados por el frio!

A juzgar por el numero de personas que se dirigian a las reuniones, se hubiera podido decir que no quedaba nadie en las casas para dar la bienvenida, pero no sucedia así: en todas partes habia amigos que aguardaban con el corazon bien alegre y las chimeneas bien repletas de fuego. Por eso se veia al espiritu arrebatado de entusiasmo, y que descubriendo su ancho pecho y abriendo su dadivosa, mano flotaba por encima de aquella multitud, derramando sobre las gentes su pura y cándida alegría. Hasta los humildes faroleros, acelerándose delante de él, marcando su trabajo con luminosos puntos a lo largo de las calles; hasta los humildes faroleros, ya vestidos para ir a alguna reunion, se reian a carcajadas cuando el espíritu pasaba cerca de ellos, por más que ignorasen lo próximo que lo tenian.

And now, without a word of warning from the Ghost, they stood upon a bleak and desert moor, where monstrous masses of rude stone were cast about, as though it were the burial-place of giants; and water spread itself wheresoever it listed, or would have done so, but for the frost that held it prisoner; and nothing grew but moss and furze, and coarse rank grass. Down in the west the setting sun had left a streak of fiery red, which glared upon the desolation for an instant, like a sullen eye, and frowning lower, lower, lower yet, was lost in the thick gloom of darkest night.

"What place is this?" asked Scrooge.

"A place where Miners live, who labour in the bowels of the earth," returned the Spirit. "But they know me. See!"

A light shone from the window of a hut, and swiftly they advanced towards it. Passing through the wall of mud and stone, they found a cheerful company assembled round a glowing fire. An old, old man and woman, with their children and their children's children, and another generation beyond that, all decked out gaily in their holiday attire. The old man, in a voice that seldom rose above the howling of the wind upon the barren waste, was singing them a Christmas song—it had been a very old song when he was a boy—and from time to time they all joined in the chorus. So surely as they raised their voices, the old man got quite blithe and loud; and so surely as they stopped, his vigour sank again.

De repente, sin que el espíritu hubiera dicho nada a su compañero, en preparación para tan brisco transito, se encontraron en medio de un lugar pantanoso, triste, desierto y sembrado de grandes montones de piedras, como si allí hubiera un cementerio de gigantes. El agua circulaba por todas partes, y no se le ofrecia para ello otro obstáculo que el hielo que la sujetaba prisionera. Aquel suelo no producía más que musgo, retama y una mezquina y ruda. Por el horizonte y en la dirección del Oeste, el Sol poniente había dejado un rastro de fuego de un rojo vivísimo, que iluminó por un momento aquel lugar de desolación, como si fuese la mirada brillante de un ojo sombrío cuyos párpados se cerrasen poco á poco, hasta que desapareció completamente en la oscuridad de una densa noche.

—¿En dónde estamos? preguntó Scrooge.

—Estamos donde viven los mineros, los que trabajan en las entrañas de la tierra, contestó el espíritu. Ya me reconocen, mirad.

Brilló una luz en la ventana de una pobre choza, y ambos se dirigieron hacia aquel lado. Penetrando á través del muro de piedras y tierra que constituía aquel mi soro albergue, vieron una numerosa y alegre reunión en torno de una gran fogata. Un buen viejo, su mujer, sus hijos, sus nietos y sus biznietos, estaban congregados allí vestidos con su mejor traje. El viejo, eón voz que ya no podía sobreponerse al agudo silbido del viento que soplaba sobre los arenales, cantaba un villancico (muy antiguo ya cuando él lo aprendió de niño), y los circunstantes repetían de tiempo en tiempo el estribillo. Cuando ellos cantaban el viejo se sentía reanimado, pero cuando callaban volvía á caer en su debilidad.

The Spirit did not tarry here, but bade Scrooge hold his robe, and passing on above the moor, sped—whither? Not to sea? To sea. To Scrooge's horror, looking back, he saw the last of the land, a frightful range of rocks, behind them; and his ears were deafened by the thundering of water, as it rolled and roared, and raged among the dreadful caverns it had worn, and fiercely tried to undermine the earth.

Built upon a dismal reef of sunken rocks, some league or so from shore, on which the waters chafed and dashed, the wild year through, there stood a solitary lighthouse. Great heaps of sea-weed clung to its base, and storm-birds—born of the wind one might suppose, as sea-weed of the water—rose and fell about it, like the waves they skimmed.

But even here, two men who watched the light had made a fire, that through the loophole in the thick stone wall shed out a ray of brightness on the awful sea. Joining their horny hands over the rough table at which they sat, they wished each other Merry Christmas in their can of grog; and one of them: the elder, too, with his face all damaged and scarred with hard weather, as the figure-head of an old ship might be: struck up a sturdy song that was like a Gale in itself.

El espíritu no se detuvo aquí, sino que encargando á Scrooge que se agarrara vigorosamente, lo transportó por encima de los pantanos, ¿a dónde? No al mar, me parece; pues sí, al mar. Scrooge aterrorizado, observó cómo se desvanecía en la sombra el promontorio más avanzado: el raido de las olas embravecidas y rugientes que corrían á estrellarse con el fragor del trueno en las cavernas que habían socavado, como si en el exceso de su ira el mar tratase de minar la tierra, le ensordeció.

Edificado sobre nana desnuda roca que apenas salía á flor de agua, y azotado furiosamente por las olas durante todo el año, se levantaba á mucha distancia de tierra un faro solitario. En el basamento se acumulaban multitud de plantas marinas, y el pájaro de las tempestades, nacido acaso de los vientos como las algas de las aguas, revoloteaba en torno de la torre como las olas sobre que se mecía.

Hasta en aquel sitio, los dos hombres á cuyo cargo estaba la custodia del faro, habían encendido una hoguera que despedía sus luminosos rayos hasta el alborotado mar por la abertura hecha en la recia muralla. Dándose un apretón con sus callosas manos, por encima de la mesa á la cual estaban sentados, se deseaban felices Pascuas brindando con grog: el más viejo, de cutis apergaminado y lleno de costurones, como esas finuras esculpidas en la proa de los antiguos buques, entonó con voz ronca un canto salvaje que tenía mucho de las ráfagas tempestuosas.

Again the Ghost sped on, above the black and heaving sea—on, on—until, being far away, as he told Scrooge, from any shore, they lighted on a ship. They stood beside the helmsman at the wheel, the look-out in the bow, the officers who had the watch; dark, ghostly figures in their several stations; but every man among them hummed a Christmas tune, or had a Christmas thought, or spoke below his breath to his companion of some bygone Christmas Day, with homeward hopes belonging to it. And every man on board, waking or sleeping, good or bad, had had a kinder word for another on that day than on any day in the year; and had shared to some extent in its festivities; and had remembered those he cared for at a distance, and had known that they delighted to remember him.

It was a great surprise to Scrooge, while listening to the moaning of the wind, and thinking what a solemn thing it was to move on through the lonely darkness over an unknown abyss, whose depths were secrets as profound as Death: it was a great surprise to Scrooge, while thus engaged, to hear a hearty laugh. It was a much greater surprise to Scrooge to recognise it as his own nephew's and to find himself in a bright, dry, gleaming room, with the Spirit standing smiling by his side, and looking at that same nephew with approving affability!

El espectro seguía siempre sobre el mar sombrío y turbulento; siempre, siempre, hasta que en su rápida marcha, lejos ya, muy lejos de tierra como le dijo Scrooge, descendió á un buque, colocándose cerca del timonero á veces, otras del vigilante á proa, otras de los óciales de guardia, visitando todas estas fantásticas figuras en los varios sitios adonde debían acudir. Todos ellos tarareaban una canción alusiva al día: pensaban en la Navidad; recordaban á sus compañeros otras de que habían disfrutado, contando siempre con volver al seno de sus familias. Todos á bordo, despiertos ó dormidos, buenos ó malos, habían estado más cariñosos entre sí que durante el resto del año; todos se habían comunicado sus alegrías; todos se habían acordado de sus parientes o amigos, esperando que éstos se acordasen también.

Scrooge aquedó altamente sorprendido de que mientras estaba atento al estridor del huracán, y se perdía en abstracciones acerca de lo solemne de semejante viaje, á través de la oscuridad, por encima de aquellos espantosos abismos, cuyas profundidades son secretos tan impenetrables como el de la muerto, llegara á sus oídos una ruidosa carcajada. Pero su sorpresa fue mayor al advertir que aquella carcajada procedía de sobrino, el cual se hallaba en un salón perfectamente iluminado, limpio, con buen fuego y en compañía del espíritu, que lanzaba sobre el alegre joven miradas llenas de dulzura y de benevolencia.

"Ha, ha!" laughed Scrooge's nephew. "Ha, ha, ha!"

If you should happen, by any unlikely chance, to know a man more blest in a laugh than Scrooge's nephew, all I can say is, I should like to know him too. Introduce him to me, and I'll cultivate his acquaintance.

It is a fair, even-handed, noble adjustment of things, that while there is infection in disease and sorrow, there is nothing in the world so irresistibly contagious as laughter and good-humour. When Scrooge's nephew laughed in this way: holding his sides, rolling his head, and twisting his face into the most extravagant contortions: Scrooge's niece, by marriage, laughed as heartily as he. And their assembled friends being not a bit behindhand, roared out lustily.

"Ha, ha! Ha, ha, ha, ha!"

"He said that Christmas was a humbug, as I live!" cried Scrooge's nephew. "He believed it too!"

"More shame for him, Fred!" said Scrooge's niece, indignantly.

Bless those women; they never do anything by halves. They are always in earnest.

She was very pretty: exceedingly pretty. With a dimpled, surprised-looking, capital face; a ripe little mouth, that seemed made to be kissed—as no doubt it was; all kinds of good little dots about her chin, that melted into one another when she laughed; and the sunniest pair of eyes you ever saw in any little creature's head. Altogether she was what you would have called provoking, you know; but satisfactory, too. Oh, perfectly satisfactory.

Si os sucede, por una casualidad poco probable, que os encontréis con un hombre que sepa reír de mejor gana que el sobrino de Scrooge, os digo que desearía trabar relaciones con él. Hacedme el favor de presentármelo y ente blaré amistad.

Por una dichosa, justa y noble compensación en las cosas del mundo, aunque las enfermedades y los pesares son contagiosos, lo es más la risa y el buen humor. Mientras el sobrino de Scrooge se reía, según he indicado, apretándose los ijares é imprimiendo á su cara las muecas más extravagantes, la sobrina de Scrooge, sobrina por afinidad, se reía de tan buena gana como su marido; los amigos que con ellos estaban no hacían menos y acompañaban en la risa á más y mejor.

—Bajo palabra de honor, os aseguro, decía el sobrino, que ha proferido la palabra: que la Navidad es una tontería, é indudablemente esa era su convicción.

—Tanto más vergonzoso para él, dijo la mujer indignada.

Por eso me gustan las mujeres: no hacen nada á medias: todo lo toman por lo serio.

La sobrina de Scrooge era bonita; excesivamente bonita, con su encantador rostro, con su aire sencillo y Cándido, con su arrebatadora boquita hecha para ser besada, y que indudablemente lo era á menudo; con sus mejillas llenas de pequeños hoyuelos; con sus ojos, los más expresivos que pueden verse en fisonomía de mujer: en una palabra, su belleza tenía tal vez algo de provocativa, pero revelando que se hallaba dispuesta á dar una satisfacción, sí; satisfacción completa.

"He's a comical old fellow," said Scrooge's nephew, "that's the truth: and not so pleasant as he might be. However, his offences carry their own punishment, and I have nothing to say against him."

"I'm sure he is very rich, Fred," hinted Scrooge's niece. "At least you always tell *me* so."

"What of that, my dear!" said Scrooge's nephew. "His wealth is of no use to him. He don't do any good with it. He don't make himself comfortable with it. He hasn't the satisfaction of thinking—ha, ha, ha!—that he is ever going to benefit US with it."

"I have no patience with him," observed Scrooge's niece. Scrooge's niece's sisters, and all the other ladies, expressed the same opinion.

"Oh, I have!" said Scrooge's nephew. "I am sorry for him; I couldn't be angry with him if I tried. Who suffers by his ill whims! Himself, always. Here, he takes it into his head to dislike us, and he won't come and dine with us. What's the consequence? He don't lose much of a dinner."

"Indeed, I think he loses a very good dinner," interrupted Scrooge's niece. Everybody else said the same, and they must be allowed to have been competent judges, because they had just had dinner; and, with the dessert upon the table, were clustered round the fire, by lamp-light.

"Well! I'm very glad to hear it," said Scrooge's nephew, "because I haven't great faith in these young housekeepers. What do *you* say, Topper?"

—Es muy chusco ese hombre, dijo el sobrino de Scrooge. En verdad, podría hacerse más simpático; pero como sus defectos constituyen su propio castigo, nada tengo que decir en contra de eso.

—Creo que es muy opulento, Federico, dijo la sobrina: á lo menos eso me habéis dicho.

—¡Qué importa su riqueza, mi querida amigar replicó el marido. Para maldita la cosa que le sirve; ni aun para hacer bien á nadie; ni á sí mismo. Ni siquiera tiene la satisfacción de pensar, ja, ja, ja, que nosotros nos hemos de aprovechar pronto de ella.

— Ni aun con eso puedo sufrirlo, continuó la sobrina, á cuya opinión se adhirieron sus hermanas y las demás señoras concurrentes.

—Pues yo soy más tolerante. Me aflijo por él, y nunca le desearé mal aunque tenga gana, porque quien padece de sus genialidades y de su mal humor es él y sólo él. Y lo que digo no es porque se le haya puesto en la cabeza rehusar mi convite, pues al fin, de aceptarlo, se hubiera encontrado con una comida detestable.

—¡De veras! Pues yo creo que se ha perdido una buena comida, exclamó su mujer interrumpiéndole. Los convidados fueron de la misma opinión, y necesariamente eran personas muy autorizadas para decirlo, porque acababan de saborearla.

—Me alegro de saberlo, repuso el sobrino de Scrooge, porque no tengo mucha confianza en el talento de estas jóvenes caseras. ¿Qué opináis Topper?

Topper had clearly got his eye upon one of Scrooge's niece's sisters, for he answered that a bachelor was a wretched outcast, who had no right to express an opinion on the subject. Whereat Scrooge's niece's sister—the plump one with the lace tucker: not the one with the roses—blushed.

"Do go on, Fred," said Scrooge's niece, clapping her hands. "He never finishes what he begins to say! He is such a ridiculous fellow!"

Scrooge's nephew revelled in another laugh, and as it was impossible to keep the infection off; though the plump sister tried hard to do it with aromatic vinegar; his example was unanimously followed.

"I was only going to say," said Scrooge's nephew, "that the consequence of his taking a dislike to us, and not making merry with us, is, as I think, that he loses some pleasant moments, which could do him no harm. I am sure he loses pleasanter companions than he can find in his own thoughts, either in his mouldy old office, or his dusty chambers. I mean to give him the same chance every year, whether he likes it or not, for I pity him. He may rail at Christmas till he dies, but he can't help thinking better of it—I defy him—if he finds me going there, in good temper, year after year, and saying Uncle Scrooge, how are you? If it only puts him in the vein to leave his poor clerk fifty pounds, *that's* something; and I think I shook him yesterday."

Topper tenía los ojos puestos en una de las cuñaditas de Scrooge, y respondió que un célibe era un miserable paria á quien no le asistía el derecho de emitir opinión sobre tal materia, á cuyas palabras la cuñada del sobrino de Scrooge, aquella joven tan regordete la que veis á un extremo con pañoleta de encajes, no la que lleva un ramo de rosas, se puso sofocada.

— Seguid lo que estabais diciendo, Federico, dijo su mujer dando unas palmadas. Nunca acaba lo que ha comenzado. ¡Qué ridículo es eso!

El sobrino de Scrooge soltó la carcajada de nuevo, y como era imposible librarse del contagio, aunque la joven regordeta trataba de hacerlo poniéndose á aspirar el fraseo de sales, todos siguieron el ejemplo del joven.

—Me proponía únicamente decir, que mi tío presentándome tan mala cara, y negándose á venir con nosotros, ha perdido algunos momentos de placer que le hubieran venido muy bien. Indudablemente se ha privado de una compañía mucho más agradable que sus pensamientos, que un mostrador húmedo y que sus polvorientas habitaciones. Esto no quita para que todos los años le invite de la misma manera, plázcale ó no, porque tengo lástima de él. Dueño es, si así le parece, de burlarse de la Navidad; pero no podrá menos de formar buena opinión de mí, cuando me vea presentarme á él! todos los años, diciéndole con mi acostumbrado buen humor: «Mi querido tío: ¿qué tal os va?» Si esto pudiera inspirarle la idea de aumentar el sueldo de su dependiente hasta cuarenta y cuatro libras esterlinas, se habría conseguido algo. No sé, pero se me figura que ayer lo he quebrantado.

It was their turn to laugh now at the notion of his shaking Scrooge. But being thoroughly good-natured, and not much caring what they laughed at, so that they laughed at any rate, he encouraged them in their merriment, and passed the bottle joyously.

After tea, they had some music. For they were a musical family, and knew what they were about, when they sung a Glee or Catch, I can assure you: especially Topper, who could growl away in the bass like a good one, and never swell the large veins in his forehead, or get red in the face over it. Scrooge's niece played well upon the harp; and played among other tunes a simple little air (a mere nothing: you might learn to whistle it in two minutes), which had been familiar to the child who fetched Scrooge from the boarding-school, as he had been reminded by the Ghost of Christmas Past. When this strain of music sounded, all the things that Ghost had shown him, came upon his mind; he softened more and more; and thought that if he could have listened to it often, years ago, he might have cultivated the kindnesses of life for his own happiness with his own hands, without resorting to the sexton's spade that buried Jacob Marley.

But they didn't devote the whole evening to music. After a while they played at forfeits; for it is good to be children sometimes, and never better than at Christmas, when its mighty Founder was a child himself. Stop! There was first a game at blind-man's buff. Of course there was. And I no more believe Topper was really blind than I believe he had eyes in his boots. My opinion is, that it was a done thing between him and Scrooge's nephew; and that the Ghost of Christmas Present knew it.

Al oír aquello todos los concurrentes se rieron, pareciéndoles que sobrada pretension la de haber conseguido quebrantar a Scrooge: pero como el sobrino era de bellísimo genio, y no se cuidaba de saber por qué se reían con tal que se rieran, aun los animo haciendo circular las botellas.

Después del thé hubo un poco de música porque los convidados aquellos constituían una familia de músicos, que entendían perfectamente lo de cantar arias y ritornelos; sobre todo Topper, que sabia lanzar su gruesa voz de bajo como un artista consumado, sin que se le hincharan las venas de la frente y sin ponerse rojo como un cangrejo. La sobrina de Scrooge tapia bien el arpa: entre otras piezas ejecutó una cancioncilla (una cosa insignificante que hubierais aprendido á tararear en dos minutos), pero que era justamente la favorita de la joven que, tiempos atrás, fue en busca de Scrooge al colegio, como el fantasma de la Navidad se lo había hecho á la memoria. Ante aquellas tan conocidas notas, recordó de nuevo Scrooge todo lloque el espectro le representara, y más enternecido do cada vez, consideró que si hubiera tenido la dicha de oír frecuentemente aquella insignificante cancioncilla, habría podido conocer mejor lo que de grato encierran las dulces afecciones de la existencia y cultivándolas; empresa algo más meritoria que la de cavar con impaciencia de sepulturero su fosa, se tú gurí ocurrió con Marley.

No tan sólo la música ocupó á aquellos convidados. Al cabo de rato se jugó á juegos de prendas, porque es conveniente volver á los días de la niñez, sobre todo, teniendo en cuenta que la Navidad es una fiesta establecida por un Dios niño. Atención. Se dio principio por la gallina ciega. ¡Oh! ¡Y qué tramposo está Topper Hace come que no ve, pero perded cuidado; ya sabe bien adonde dirigirse. Estoy seguro de que se ha puesto de acuerdo con el sobrino de Scrooge, pero sin conseguir engañar al espíritu de la Navidad allí presente.

The way he went after that plump sister in the lace tucker, was an outrage on the credulity of human nature. Knocking down the fire-irons, tumbling over the chairs, bumping against the piano, smothering himself among the curtains, wherever she went, there went he! He always knew where the plump sister was. He wouldn't catch anybody else. If you had fallen up against him (as some of them did), on purpose, he would have made a feint of endeavouring to seize you, which would have been an affront to your understanding, and would instantly have sidled off in the direction of the plump sister. She often cried out that it wasn't fair; and it really was not. But when at last, he caught her; when, in spite of all her silken rustlings, and her rapid flutterings past him, he got her into a corner whence there was no escape; then his conduct was the most execrable. For his pretending not to know her; his pretending that it was necessary to touch her head-dress, and further to assure himself of her identity by pressing a certain ring upon her finger, and a certain chain about her neck; was vile, monstrous! No doubt she told him her opinion of it, when, another blind-man being in office, they were so very confidential together, behind the curtains.

Scrooge's niece was not one of the blind-man's buff party, but was made comfortable with a large chair and a footstool, in a snug corner, where the Ghost and Scrooge were close behind her. But she joined in the forfeits, and loved her love to admiration with all the letters of the alphabet. Likewise at the game of How, When, and Where, she was very great, and to the secret joy of Scrooge's nephew, beat her sisters hollow: though they were sharp girls too, as Topper could have told you. There might have been twenty people there, young and old, but they all played, and so did Scrooge; for wholly forgetting in the interest he had in what was going on, that his voice made no sound in their ears, he sometimes came out with his guess quite loud, and very often guessed quite right, too; for the sharpest needle, best Whitechapel, warranted not to cut in the eye, was not sharper than Scrooge blunt as he took it in his head to be.

La manera como el pretendido ciego persigue á la regordeta illa de la pañoleta, es su insulto positivo que se dirige á la credulidad humana. Por más que ella se coloque detrás del guarda-fuego, ó encima de las sillas, ó al amparo del piano, ó entre los cortinajes á riesgo de asfixiarse, á todas partes donde va ella va también él. Siempre sabe donde tropezar con la regordeta illa. No quiere coger á nadie más, y aunque le salgáis al paso, como algunos lo han hecho de propósito, hará como que os quiere agarrar, pero con tal torpeza, que no puede engañarnos, y luego se dirigirá hacía donde se oculta la regordeta illa. «Eso no es jugar bien: dice ella huyendo cuanto puede, y tiene razón; pero á lo último, cuando él la coge; cuando á despecho de la ligereza de la joven, él logra arrinconarla de manera que no pueda escapársele, entonces su conducta es inicua. Bajo pretexto de que no sabe á quien ha cogido, la reconoce pasándole la mano por la cabeza, ó se permite tocar cierto anillo que ella lleva al dedo, ó una cadena con que se adorna el cuello. ¡Oh infame monstruo! Por eso así que él deja el pañuelo á otra persona, los dos jóvenes tienen en el hueco de la ventana, detrás de las cortinas, una conferencia particular, en la que ella le dice á él todo lo que le parece.

La sobrina de Scrooge no tomaba parte en el juego. Se había retirado á uno de los rincones de la sala, y allí estaba gentada en un sillón con los pies en un taburete, teniendo detrás al aparecido y á Scrooge. En los juegos de enigmas sí que participó. Era muy diestra en ellos, con gran satisfacción de su esposo, y les sentaba bien las costuras á sus hermanas y eso que no eran tontas: preguntádselo si no á Topper. Allí había como veinte personas entre viejos y jóvenes.

Todos jugaban, hasta el mismo Scrooge, quien, olvidando de todo punto que no sería oído, se interesaba en todo aquello, diciendo en alta voz el secreto de los enigmas que se proponían: os aseguro que adivinaba muchos y que la más fina aguja, la de marca más acreditada, la más puntiaguda, no lo era tanto como el ingenio de Scrooge, á pesar del aire bobalicón de que se revestía para engatusar á sus parroquianos.

The Ghost was greatly pleased to find him in this mood, and looked upon him with such favour, that he begged like a boy to be allowed to stay until the guests departed. But this the Spirit said could not be done.

"Here is a new game," said Scrooge. "One half hour, Spirit, only one!"

It was a Game called Yes and No, where Scrooge's nephew had to think of something, and the rest must find out what; he only answering to their questions yes or no, as the case was. The brisk fire of questioning to which he was exposed, elicited from him that he was thinking of an animal, a live animal, rather a disagreeable animal, a savage animal, an animal that growled and grunted sometimes, and talked sometimes, and lived in London, and walked about the streets, and wasn't made a show of, and wasn't led by anybody, and didn't live in a menagerie, and was never killed in a market, and was not a horse, or an ass, or a cow, or a bull, or a tiger, or a dog, or a pig, or a cat, or a bear. At every fresh question that was put to him, this nephew burst into a fresh roar of laughter; and was so inexpressibly tickled, that he was obliged to get up off the sofa and stamp. At last the plump sister, falling into a similar state, cried out:

"I have found it out! I know what it is, Fred! I know what it is!"

"What is it?" cried Fred.

"It's your Uncle Scro-o-o-o-oge!"

Which it certainly was. Admiration was the universal sentiment, though some objected that the reply to "Is it a bear?" ought to have been "Yes;" inasmuch as an answer in the negative was sufficient to have diverted their thoughts from Mr. Scrooge, supposing they had ever had any tendency that way.

"He has given us plenty of merriment, I am sure," said Fred, "and it would be ungrateful not to drink his health. Here is a glass of mulled wine ready to our hand at the moment; and I say, 'Uncle Scrooge!' "

"Well! Uncle Scrooge!" they cried.

El aparecido gozaba de verle en semejante disposición de espíritu, y lo contemplaba con aspecto tan lleno de benevolencia, que Scrooge le pidió encarecidamente como, un niño, que lo tuviese allí hasta que se marcharan los convidados.

—Un nuevo juego, espíritu; un nuevo juego. Media hora nada más.

Tratábase del juego conocido con el nombre de sí y no. El sobrino de Scrooge debía tener un pensamiento, y los demás la obligación de adivinarlo. A las preguntas que le hacía él no contestaba más que sí ó no. La granizada de interrogatorios á que lo sujetaron, fue causa de que hiciese muchas indicaciones: que pensaba en un animal: que era un animal vivo, adusto y salvaje; un animal que rugía y gruñía en varias ocasiones: que otras veces hablaba: que residía en Londres: que se paseaba por las calles: que no lo enseñaban por dinero: que no iba sujeto con cordón: que no estaba en una casa de fieras ni destinado al matadero, y que no era ni un caballo, ni un asno, ni una vaca, ni un toro, ni un tigre, ni un perro, ni un cerdo, ni un gato, ni un oro. A cada pregunta que le hacían aquel tunante de sobrino daba á reír, y tan grandes eran á veces los accesos, que se veía obligado á levantarse para patear de gusto. Por fin la cuñada regordeta illa, riéndose á más no poder, exclamó:

—Lo he adivinado, Federico: ya sé lo que es.   Qué es?

El vuestro tío Scro...o...o...ooge

Efectivamente había acertado. La admiración fue general, si bien algunas personas objetaron que á la pregunta: ¿Es un oso? debía haberse contestado: Sí, tanto más, cuanto que á la respuesta negativa, muchos habían dejado de pensar en Scrooge para buscar por otro lado.

—En medio de todo ha contribuido muy especialmente a divertirnos, dijo Federico, y seríamos sobre todas ponderaciones ingratas, si no bebiéramos á su salud. Cabalmente todos empuñamos ahora un vaso de ponche de vino; por lo tanto: á la salud de mi tío Scrooge.

—Sea: á la salud del tío Scrooge, contestaron.

"A Merry Christmas and a Happy New Year to the old man, whatever he is!" said Scrooge's nephew. "He wouldn't take it from me, but may he have it, nevertheless. Uncle Scrooge!"

Uncle Scrooge had imperceptibly become so gay and light of heart, that he would have pledged the unconscious company in return, and thanked them in an inaudible speech, if the Ghost had given him time. But the whole scene passed off in the breath of the last word spoken by his nephew; and he and the Spirit were again upon their travels.

Much they saw, and far they went, and many homes they visited, but always with a happy end. The Spirit stood beside sick beds, and they were cheerful; on foreign lands, and they were close at home; by struggling men, and they were patient in their greater hope; by poverty, and it was rich. In almshouse, hospital, and jail, in misery's every refuge, where vain man in his little brief authority had not made fast the door, and barred the the Spirit out, he left his blessing, and taught Scrooge his precepts.

It was a long night, if it were only a night; but Scrooge had his doubts of this, because the Christmas Holidays appeared to be condensed into the space of time they passed together. It was strange, too, that while Scrooge remained unaltered in his outward form, the Ghost grew older, clearly older. Scrooge had observed this change, but never spoke of it, until they left a children's Twelfth Night party, when, looking at the Spirit as they stood together in an open place, he noticed that its hair was grey.

—Felices Pascuas y dichoso año para el viejo, á pesar de su genio. El no aceptarla este buen deseo de mi parte, poro se lo tributo sin embargo. A mi tío Scrooge.

Scrooge se había dejado dominar de tal modo por la hilaridad general, experimentaba tanto descanso en su corazón, que de buena gana hubiera tomado parte en el brindis, aunque nadie sabía de su presencia allí, y pronunciado un buen discurso de gracias, siquiera fuese desoído, á no ser porque no se lo permitió el fantasma. Hubo cambio de escena. Cuando el sobrino pronunciaba la última palabra del brindis, Scrooge y el espíritu comprendieron nuevo el ocurso de su viaje.

Vieron muchos países. Fueron muy lejos visitaron un gran número de moradas, y siempre con las mejores consecuencias para aquellos á quienes se acercaban el espíritu de la Navidad.

Al aproximarse al lecho de uno, enfermo y en extranjera tierra, éste se olvidaba de su dolencia y se creía trasportado al suelo patrio. Si á una alma en lucha con la suerte, le infundía sentimientos de resignación y esperanza en mejor porvenir. Si á los pobres, inmediatamente se creían ricos. Si á las casas de caridad, á los hospitales y á las prisiones, á todos estos refugios de la miseria, donde el hombre vano y orgulloso no había podido, abusando de su pequeño y efímero poder, impedir la entrada al espíritu, éste dejaba caer su bendición y enseñaba á Scrooge mil preceptos caritativos.

Fue una noche muy larga, si es que todo esto se cumplió en una noche: Scrooge lo dudó porque á su juicio habían sido condensadas machas Navidades en el tiempo que estuvo con el aparecido. Sucedía una cosa extraña y era que mientras Scrooge conservaba incólumes sus formas exteriores, el espíritu se hacía más viejo; visiblemente más viejo.

"Are spirits' lives so short?" asked Scrooge.

"My life upon this globe, is very brief," replied the Ghost. "It ends to-night."

"To-night!" cried Scrooge.

"To-night at midnight. Hark! The time is drawing near."

The chimes were ringing the three quarters past eleven at that moment.

"Forgive me if I am not justified in what I ask," said Scrooge, looking intently at the Spirit's robe, "but I see something strange, and not belonging to yourself, protruding from your skirts. Is it a foot or a claw?"

"It might be a claw, for the flesh there is upon it," was the Spirit's sorrowful reply. "Look here."

From the foldings of its robe, it brought two children; wretched, abject, frightful, hideous, miserable. They knelt down at its feet, and clung upon the outside of its garment.

"Oh, Man! look here. Look, look, down here!" exclaimed the Ghost.

They were a boy and girl. Yellow, meagre, ragged, scowling, wolfish; but prostrate, too, in their humility. Where graceful youth should have filled their features out, and touched them with its freshest tints, a stale and shrivelled hand, like that of age, had pinched, and twisted them, and pulled them into shreds. Where angels might have sat enthroned, devils lurked, and glared out menacing. No change, no degradation, no perversion of humanity, in any grade, through all the mysteries of wonderful creation, has monsters half so horrible and dread.

—¿Tan corta es la vida de los espíritus? preguntó.

—La mía es muy breve en este mundo, contestó el espectro. Termina hoy por la noche.

—¡Esta noche!

—Esta noche. A las doce. Oíd: la hora se acerca. A la sazón daba el reloj los tres cuartos para las doce.

—Dispensadme si es que soy indiscreto, dijo Scrooge que consideraba atentamente la vestidura del espíritu: veo algo extraño que sale de debajo de vuestra túnica y que no es vuestro. ¿Es un pié ó una garra?

—Podría ser garra si se fuera á juzgar por la carne que la cubre, contestó el espíritu: mirad.

Y de los pliegues de la túnica sacó dos niños, dos míseros seres, espantosos y repugnantes, que se arrodillaron á sus pies y se agarraron á su vestido.

— ¡Oh, hombre! Mira, mira, mira a tus pies, exclamó el espíritu.

Eran un niño y una niña, amarillos, flacos , cubiertos de andrajos, de fisonomia ceñuda, feroz, aunque servil en abyección. En vez de la graciosa juventud que hubiera debido bacera frescas y redondas sus mejillas, con hermosos colores, una mano seca y descarnada, como la del tiempo, las había puesto rugosas, escuálidas y descoloridas. Aquellos rostros, que hubieran podido asemejarse á los de los ángeles, parecían como de demonios, hasta en las miradas tan torvas que lanzaban. Ningún cambio, ninguna descomposición de la especie humana, en ningún grado, hasta en los misterios más recónditos de la naturaleza, han producido monstruos tan horrorosos y terribles.

Scrooge started back, appalled. Having them shown to him in this way, he tried to say they were fine children, but the words choked themselves, rather than be parties to a lie of such enormous magnitude.

"Spirit! are they yours?" Scrooge could say no more.

"They are Man's," said the Spirit, looking down upon them. "And they cling to me, appealing from their fathers. This boy is Ignorance. This girl is Want. Beware them both, and all of their degree, but most of all beware this boy, for on his brow I see that written which is Doom, unless the writing be erased. Deny it!" cried the Spirit, stretching out its hand towards the city. "Slander those who tell it ye! Admit it for your factious purposes, and make it worse. And bide the end!"

"Have they no refuge or resource?" cried Scrooge.

"Are there no prisons?" said the Spirit, turning on him for the last time with his own words. "Are there no workhouses?"

The bell struck twelve. Scrooge looked about him for the Ghost, and saw it not. As the last stroke ceased to vibrate, he remembered the prediction of old Jacob Marley, and lifting up his eyes, beheld a solemn Phantom, draped and hooded, coming, like a mist along the ground, towards him.

Scrooge retrocedió, pálido y lleno de espanto. No queriendo ofender al espíritu, padre acaso de aquellos infelices seros, probó á decir que eran unos niños hermosos, pero las palabras se le detuvieron en la garganta por no hacerse cómplices de una mentira tan atroz.

—Espíritu, ¿son vuestros hijos? Scrooge no pudo añadir más.

—Son los de los hombres, contestó el espíritu contemplándolos, y me piden auxilio para quejarse de sus padres. El de allá es la ignorancia; el de aquí la miseria. Preservaos del uno y del otro y de toda su descendencia; pero sobre todo del primero, porque sobre su frente veo escrito «¡Condenación!» Apresúrate, Babilonia, continuó extendiendo la mano sobre la ciudad; apresúrate á que desaparezca esa palabra que te condena más que á él: á tú á la ruina, á él á la desdicha. Atrévete á decir que no eres culpable! Calumnia á los que te acusan: esto puede servir á tus aborrecibles designios; pero, ¡cuidado al fin!

—¿No poseen ningún recurso, ni cuentan con asilo? gritó Scrooge.

—¿No hay prisiones? respondió el espíritu devolviéndole irónicamente, y por la vez postrera, sus mismas frases.

En el reloj daban las doce. Scrooge buscó al espectro, pero ya no lo vio. Al sonar la última campanada, hizo memoria de la predicción del viejo Marley, y alzando la vista divisó otro aparecido de majestuosa apostura, envuelto en una túnica y encapuchado, que se acercaba deslizándose sobre el suelo vaporosamente.

STAVE FOUR – THE LAST OF THE SPIRITS.

THE Phantom slowly, gravely, silently, approached. When it came near him, Scrooge bent down upon his knee; for in the very air through which this Spirit moved it seemed to scatter gloom and mystery.

It was shrouded in a deep black garment, which concealed its head, its face, its form, and left nothing of it visible save one outstretched hand. But for this it would have been difficult to detach its figure from the night, and separate it from the darkness by which it was surrounded.

He felt that it was tall and stately when it came beside him, and that its mysterious presence filled him with a solemn dread. He knew no more, for the Spirit neither spoke nor moved.

"I am in the presence of the Ghost of Christmas Yet To Come?" said Scrooge.

The Spirit answered not, but pointed onward with its hand.

"You are about to show me shadows of the things that have not happened, but will happen in the time before us," Scrooge pursued. "Is that so, Spirit?"

The upper portion of the garment was contracted for an instant in its folds, as if the Spirit had inclined its head. That was the only answer he received.

Although well used to ghostly company by this time, Scrooge feared the silent shape so much that his legs trembled beneath him, and he found that he could hardly stand when he prepared to follow it. The Spirit paused a moment, as observing his condition, and giving him time to recover.

Cuando llegó cerca de Scrooge, éste se arrodilló, experimentando el terror sombrío y misterioso que envolvía al espíritu.

Iba completamente envuelto en un largo ropaje que ocultaba su fisonomía, su cabeza y sus formas, no dejando ver más que una de sus manos tendida, sin lo cual hubiera sido muy cincel distinguir aquella figura en las densas sombras de la noche que le circundaban.

Cuando Scrooge estuvo á su lado vio que el aparecido era de estatura elevada y majestuosa, y que su misteriosa presencia lo llenaba de respetuoso temor; pero no supo más, porque el aparecido no hablaba ni hacía ningún movimiento.

—¿Estoy en presencia del espíritu de la Navidad por venir?

El espectro no contestó, limitándose á tener siempre la mano tendida.

—¿Vais á mostrarme las sombras de las cosas que no han sucedido todavía, pero que sucederán con el tiempo?

La parte superior de la vestidura del fantasma se contrajo un poco, según lo indicaron los pliegues al aproximarse como si el espectro hubiera inclinado la cabeza. No dio otra respuesta.

Aunque hecho ya al comercio con los espíritus, Scrooge sentía tal pavor en presencia de aquel aparecido tan silencioso, que sus piernas temblaban y apenas disponía de fuerzas para sostenerse en pió cuando se veía obligado á seguirle. El espíritu, como si hubiera conocido la turbación de Scrooge, se paró un momento como para darle lugar á que se repusiese.

But Scrooge was all the worse for this. It thrilled him with a vague uncertain horror, to know that behind the dusky shroud, there were ghostly eyes intently fixed upon him, while he, though he stretched his own to the utmost, could see nothing but a spectral hand and one great heap of black.

"Ghost of the Future!" he exclaimed, "I fear you more than any spectre I have seen. But as I know your purpose is to do me good, and as I hope to live to be another man from what I was, I am prepared to bear you company, and do it with a thankful heart. Will you not speak to me?"

It gave him no reply. The hand was pointed straight before them.

"Lead on!" said Scrooge. "Lead on! The night is waning fast, and it is precious time to me, I know. Lead on, Spirit!"

The Phantom moved away as it had come towards him. Scrooge followed in the shadow of its dress, which bore him up, he thought, and carried him along.

They scarcely seemed to enter the city; for the city rather seemed to spring up about them, and encompass them of its own act. But there they were, in the heart of it; on the 'Change, amongst the merchants; who hurried up and down, and chinked the money in their pockets, and conversed in groups, and looked at their watches, and trifled thoughtfully with their great gold seals; and so forth, as Scrooge had seen them often.

The Spirit stopped beside one little knot of business men. Observing that the hand was pointed to them, Scrooge advanced to listen to their talk.

Esto agitó más á Scrooge. Un vago escalofrío de terror le recorrió todo el cuerpo, al advertir que, bajo aquel fúnebre sudario, los ojos del fantasma estaban constantemente fijos en él, y que, á pesar de todos sus esfuerzos, no podía ver más que una mano de espectro y una masa negruzca.

—Espíritu del porvenir, os temo masajee á ninguno de los espectros que hasta ahora he visto. Sin embargo, como conozco que os halláis aquí por mi bien, y espero vivir de una manera muy diferente que huta ahora, os seguiré adonde queráis, con corazón agradecido. ¿No rae hablareis?

Ninguna respuesta. Tan sólo la mano hizo señal de ponerse en marcha.

—Guiadme, dijo Scrooge, guiadme. La noche avanza rápidamente y el tiempo es muy precioso para mí; lo sé. Espíritu, guiadme.

El fantasma empezó á deslizarse como había venido. Scrooge fue detrás de la sombra de la vestidura; parecía le que ésta lo levantaba y lo arrastraba.

No se puede decir que penetraran en la ciudad, sino que la ciudad surgió. Alrededor de ellos, rodeándolos con su movimiento y su agitación. Estaban en el mismo centro de la City, en la Bolsa y con los negociantes que iban de un lado para otro de priva, haciendo sonar el dinero en los bolsillos, agrupándose para entretenerse en negocios, mirando sus relojes y jugando distraídamente con la cadena, etc., como Scrooge los había visto en todas ocasiones.

El espíritu se detuvo cerca de un pequeño grupo de capitalistas, y Scrooge, adivinando su intención por la mano tendida, se acercó á escuchar.

"No," said a great fat man with a monstrous chin, "I don't know much about it, either way. I only know he's dead."

"When did he die?" inquired another.

"Last night, I believe."

"Why, what was the matter with him?" asked a third, taking a vast quantity of snuff out of a very large snuff-box. "I thought he'd never die."

"God knows," said the first, with a yawn.

"What has he done with his money?" asked a red-faced gentleman with a pendulous excrescence on the end of his nose, that shook like the gills of a turkey-cock.

"I haven't heard," said the man with the large chin, yawning again. "Left it to his company, perhaps. He hasn't left it to *me*. That's all I know."

This pleasantry was received with a general laugh.

"It's likely to be a very cheap funeral," said the same speaker; "for upon my life I don't know of anybody to go to it. Suppose we make up a party and volunteer?"

"I don't mind going if a lunch is provided," observed the gentleman with the excrescence on his nose. "But I must be fed, if I make one."

Another laugh.

—No decía.... un señor alto y grueso le triple y canosa barba; no sé nada más; tan solamente que ha muerto.

—¿Cuándo?

—Anoche, según creo.

—¿Cómo y de qué ha muerto? pregunta tata otro señor tomando una provisión de tata de una enorme tabaquera. Yo me figuraba que no se moriría nunca.

—Dios solo lo sabe, dijo el primero bostezando.

—¿Qué ha hecho de su dinero? Preguntó otro señor de rubicunda faz, que ostentaba jingla punta de la nariz una enorme lupia colgante como el moco de un pavo.

—No lo sé, contestó el hombre de la triple barba, bostezando de nuevo. Tal vez lo haya dejado á su sociedad: de todas suertes no es á mí á quien lo ha dejado: hé aquí lo único que' sé.

Esta chanza fue recibida con una carcajada general.

—Es probable, continuó el mismo, que las sillas para los funerales no le cuesten nada, así como tampoco los coches, pues juro que no conozco á nadie que esté dispuesto á ir á semejante entierro. ¡Si fuéramos nosotros sin que nos convidaran!

—Me es indiferente con tal que haya refresco, dijo el de la lupia: yo quiero que me den de comer por ese trabajo.

"Well, I am the most disinterested among you, after all," said the first speaker, "for I never wear black gloves, and I never eat lunch. But I'll offer to go, if anybody else will. When I come to think of it, I'm not at all sure that I wasn't his most particular friend; for we used to stop and speak whenever we met. Bye, bye!"

Speakers and listeners strolled away, and mixed with other groups. Scrooge knew the men, and looked towards the Spirit for an explanation.

The Phantom glided on into a street. Its finger pointed to two persons meeting. Scrooge listened again, thinking that the explanation might lie here.

He knew these men, also, perfectly. They were men of business: very wealthy, and of great importance. He had made a point always of standing well in their esteem: in a business point of view, that is; strictly in a business point of view.

"How are you?" said one.

"How are you?" returned the other.

"Well!" said the first. "Old Scratch has got his own at last, hey?"

"So I am told," returned the second. "Cold, isn't it?"

"Seasonable for Christmas time. You're not a skater, I suppose?"

"No. No. Something else to think of. Good morning!"

Not another word. That was their meeting, their conversation, and their parting.

—Ya veo, dijo el primer interlocutor, que soy más desinteresado que todos los presentes. Yo no iria porque me regalaran guantes negros, pues no los gasto, ni porque me dieran de comer, pues no lo acostumbro en tales casos, pero sí como alguno quisiera acompañarme. ¿Sabéis por qué? Porque, reflexionando, me han asaltado dudas acarea de si yo era íntimo amigo suyo, á causa de que cuando nos encontrábamos teníamos la costumbre de detenernos para hablar un poco. Adiós señores: hasta la vista.

El grupo se deshizo para constituir otros. Scrooge conocía & todos aquellos señores, y miró al espíritu para pedirle una explicación acerca de lo que acababan de decir.

El espíritu se dirigió á otra calle, y mostró con el dedo dos individuos que se saludaban. Scrooge escuchó en la esperanza de descifrar aquel enigma.

Tambien los conocia. Eran dos negociantes ricos, muy considerados y en cuya estimación creía estar bajo el punto de vista de los negocios, pero sencilla y puramente de los negocios.

—Cómo está Vd.?

—Bien y vos.

—Bien, gracias. Parece que el viejo *Gobseck* ha dado ya sus cuentas, eh...

—Me lo han dicho. Hace frio ¿es verdad?

— Psch; como de la estacion: como de Navidad. Supongo que no patinais.

—No: tengo otras cosas en que pensar. Buenos días.

Ni una palabra más. Así se encentraron, así se hablaron, y así so separaron.

Scrooge was at first inclined to be surprised that the Spirit should attach importance to conversations apparently so trivial; but feeling assured that they must have some hidden purpose, he set himself to consider what it was likely to be. They could scarcely be supposed to have any bearing on the death of Jacob, his old partner, for that was Past, and this Ghost's province was the Future. Nor could he think of any one immediately connected with himself, to whom he could apply them. But nothing doubting that to whomsoever they applied they had some latent moral for his own improvement, he resolved to treasure up every word he heard, and everything he saw; and especially to observe the shadow of himself when it appeared. For he had an expectation that the conduct of his future self would give him the clue he missed, and would render the solution of these riddles easy.

He looked about in that very place for his own image; but another man stood in his accustomed corner, and though the clock pointed to his usual time of day for being there, he saw no likeness of himself among the multitudes that poured in through the Porch. It gave him little surprise, however; for he had been revolving in his mind a change of life, and thought and hoped he saw his new-born resolutions carried out in this.

Quiet and dark, beside him stood the Phantom, with its outstretched hand. When he roused himself from his thoughtful quest, he fancied from the turn of the hand, and its situation in reference to himself, that the Unseen Eyes were looking at him keenly. It made him shudder, and feel very cold.

A Scrooge le pareció, al principio, chocante que el espíritu atribuyese tanta importancia á conversaciones aparentemente te triviales; pero convencido de que debían encerrar algún sentido oculto, empezó á Discurrir sobre cuál sería éste, según todas las probabilidades.

Era difícil que se refiriesen á la muerte do su antiguo socio Marley: á lo menos no jarcería verosímil, porque el fallecimiento era suceso ya ocurrido, y el espectro ejercía jurisdicción sobre lo porvenir; pero tampoco adivinaba quién pudiera ser la persona Je él conocida, á la cual cupiese aplicar el acontecimiento. Sin embargo, íntimamente persuadido de que cualquiera que fuese la persona, debía encerrarse en aquello alguna lección correspondiente á él y para su bien determinó fijarse y recoger las palabras que óyete y las cosas que presenciase, y particularmente observar con la más escrupulosa atención su propia imagen cuando se le pareciese, penetrado de que la vista de ella le proporcionaría la llave del enigma haciéndole la solución fácil. Se buscó pues en aquel lugar, pero había alguíen que ocupaba su sitio, el puesto á fue más afición tenía, y aunque el reloj hincaba la hora á que él iba, por lo común, á a bolsa, no vio á nadie que se le pareciese ; gran número de personas que se ampre surcaban á entrar. Aquello le sorprendió poco, porque como desde sus primeras visiones había formado el propósito de cambiar de vida, se figuraba que su ausencia era prueba de haber puesto en ejecución sus planes.

El aparecido se mantenía siempre á su lado inmóvil y sombrío. Cuando Scrooge? salió de su ensimismamiento, se figuró, por la postura de la mano y por la posición del espectro, que lo contemplaba fijamente, con mirada invisible. Esto le hizo estremecerse de pies á cabeza.

They left the busy scene, and went into an obscure part of the town, where Scrooge had never penetrated before, although he recognised its situation, and its bad repute. The ways were foul and narrow; the shops and houses wretched; the people half-naked, drunken, slipshod, ugly. Alleys and archways, like so many cesspools, disgorged their offences of smell, and dirt, and life, upon the straggling streets; and the whole quarter reeked with crime, with filth and misery.

Far in this den of infamous resort, there was a low-browed, beetling shop, below a pent-house roof, where iron, old rags, bottles, bones, and greasy offal, were bought. Upon the floor within, were piled up heaps of rusty keys, nails, chains, hinges, files, scales, weights, and refuse iron of all kinds. Secrets that few would like to scrutinise were bred and hidden in mountains of unseemly rags, masses of corrupted fat, and sepulchres of bones. Sitting in among the wares he dealt in, by a charcoal stove, made of old bricks, was a grey-haired rascal, nearly seventy years of age; who had screened himself from the cold air without, by a frousy curtaining of miscellaneous tatters, hung upon a line; and smoked his pipe in all the luxury of calm retirement.

Abandonando el alborotado teatro de los negocios, se dirigieron á un barrio muy excéntrico de la ciudad, en donde Scrooge no había estado Ñuñoa, pero cuya mala reputación no le era desconocida. Las estrechas calles que lo constituían presentaban un cuadro de suciedad indescriptible, así como sus miserables tiendas y mansiones; los habitantes que moraban allí, el de seres casi desnudos, ebrios, descalzos, repugnantes. Las callejuelas y los sombríos pasadizos, como si fueran otras tantas cloacas, despedían sus desagradables olores, sus inmundicias y sus vecinos sobre aquel laberinto: aquel barrio era la guarida del crimen y la miseria.

En lo más oculto de aquella infame madriguera, se veía una tienda baja y saliente, bajo un cobertizo, en la cual se vendí hierro, trapos viejos, botellas viejas, hueso y trozos de platos de la comida del día precedente. Sobre el piso de un compartimiento interior había, amontonados, clavos, llaves herrumbrosas, cadenas, goznes, limas, platillos de balanzas, pesos y toda clase de revirtiera.

En aquellos hacinamientos asquerosos de grasas corrompidas, de huesos carcomidos, se encerraban, acaso, muchos misterios que pocas personas hubieran tenido valor para indagar. Sentado en medio de aquellas mero I concias con las que comerciaba, cerca de un fogón hecho de ladrillos ya usados, se veía un mugriento bribón, con los cabellos ya blancos por la edad (contaba setenta años), abrigándose contra el aire exterior por medio de un cortinaje grasiento, formado de retales despareados, sujetos á un cordel, fumando en pipa y saboreando con placer el deleite de su apacible soledad.

Scrooge and the Phantom came into the presence of this man, just as a woman with a heavy bundle slunk into the shop. But she had scarcely entered, when another woman, similarly laden, came in too, and she was closely followed by a man in faded black, who was no less startled by the sight of them than they had been upon the recognition of each other. After a short period of blank astonishment, in which the old man with the pipe had joined them, they all three burst into a laugh.

"Let the charwoman alone to be the first!" cried she who had entered first. "Let the laundress alone to be the second; and let the undertaker's man alone to be the third. Look here, old Joe, here's a chance! If we haven't all three met here without meaning it!"

"You couldn't have met in a better place," said old Joe, removing his pipe from his mouth. "Come into the parlour. You were made free of it long ago, you know; and the other two an't strangers. Stop till I shut the door of the shop. Ah! How it skreeks! There an't such a rusty bit of metal in the place as its own hinges, I believe; and I'm sure there's no such old bones here as mine. Ha! ha! We're all suitable to our calling, we're well matched. Come into the parlour. Come into the parlour."

The parlour was the space behind the screen of rags. The old man raked the fire together with an old stair-rod, and, having trimmed his smoky lamp (for it was night) with the stem of his pipe, put it into his mouth again.

Scrooge y el espectro se colocaron enfrente de aquel hombre, en el momento en león que una mujer, portadora de un grueso paquete, se escurría á la tienda. Apenas penetró fue seguida de otra cargada de la misma manera, y ésta de un hombre vestido de un traje negro y muy raido, cuyo hombre se sorprendió al verlas, como ellas al verle. Después de algunos momentos de estupefacción de todos ellos, estupefacción de que también participó el hombre de la pipa, se echaron á reír.

—Que pase primeramente la asistente, dijo la segunda mujer: después vendrá lía lavandera y últimamente el encargado las pompas. ¿Qué opináis, honrado tendero! ¡Por cierto que es casualidad! No pareos sino que nos hemos dado cita los tres.

— No podíais haber escogido mejor ti gar, dijo el tendero quitándose la pipa de la boca. Entrad en el salón. Hace tiempo que tienes facultad para entrar aquí libremente los otros dos tampoco son extraños. Aguardad á que cierre la puerta de la tienda. ¡Como chirrían los goznes! Creo que no existe aquí ningún hierro más viejo que ellos, como no hay en el almacén, y de esto me considero muy seguro, otras osamentas más añejas que las mías. ¡Ah, ah! Todos nos hallamos en consonancia con nuestra condición: tacemos un buen juego. Entrad.

El salón lo constituía el espacio que estaba separado de la tienda por la cortina retales. El viejo tendero removió el fuego con una barra de hierro rota, procedente de una barandilla de escalera; y después de haber reanimado su humosa lámpara (por que ya era de noche) con la boquilla de la pipa, puso de nuevo esta en la boca.

While he did this, the woman who had already spoken threw her bundle on the floor, and sat down in a flaunting manner on a stool; crossing her elbows on her knees, and looking with a bold defiance at the other two.

"What odds, then? What odds, Mrs. Dilber?" said the woman. "Every person has a right to take care of themselves. He always did!"

"That's true, indeed!" said the laundress. "No man more so."

"Why, then, don't stand staring as if you was afraid, woman! Who's the wiser? We're not going to pick holes in each other's coats, I suppose?"

"No, indeed!" said Mrs. Dilber and the man together. "We should hope not."

"Very well, then!" cried the woman. "That's enough. Who's the worse for the loss of a few things like these? Not a dead man, I suppose?"

"No, indeed," said Mrs. Dilber, laughing.

"If he wanted to keep 'em after he was dead, a wicked old screw," pursued the woman, "why wasn't he natural in his lifetime? If he had been, he'd have had somebody to look after him when he was struck with Death, instead of lying gasping out his last there, alone by himself."

"It's the truest word that ever was spoke," said Mrs. Dilber, "It's a judgment on him."

Mientras que de este modo cumplía cui los deberes de la hospitalidad, la mujer que había hablado la primera, dejó su paquete en el suelo, y se sentó con aire negligencia en un taburete, colocando los codos sobre rodillas, y lanzando una mirada dedos a fío á los otros dos concurrentes.

—Bueno. ¿Qué tenemos? ¿Qué hay senara Dilber? dijo encarándose con la otra. Tíos tenemos el derecho de pensar en nosotros mismos. ¿Ha hecho otra cosa él durante su vida?

—¡En verdad, dijo la lavandera! ninguno ante como él.

—¿Pues bueno: entonces no teneis necesidad de estaros ahí, abriendo de tal modo los ojos, como si os dominara el miedo: somos lobos de una camada?

—¡De seguro!, exclamaron la Dilber y el saltatumbas en ese convencimiento estamos.

—Pues no hay más que decir: estamos ornó queremos. No hay quo buscar teséis al gato. Y luego vaya un mal! ¿A quién se le causa perjuicio con esas frusleras? De seguro que no es al muerto.

—¡Oh, en verdad que no! dijo riéndose la Dilber.

—Si queria guardarlos ese tío roñoso para después de su fallecimiento, continuó la mujer, ¿por qué no ha hecho como los demás? No necesitaba más que haber llamado á una enfermera para que lo cuidase, en vez de morirse en un rincon abandonado como un perro.

—Es la pura verdad, ratificó la Dilber: tiene lo que merece.

"I wish it was a little heavier judgment," replied the woman; "and it should have been, you may depend upon it, if I could have laid my hands on anything else. Open that bundle, old Joe, and let me know the value of it. Speak out plain. I'm not afraid to be the first, nor afraid for them to see it. We knew pretty well that we were helping ourselves before we met here, I believe. It's no sin. Open the bundle, Joe."

But the gallantry of her friends would not allow of this; and the man in faded black, mounting the breach first, produced his plunder. It was not extensive. A seal or two, a pencil-case, a pair of sleeve-buttons, and a brooch of no great value, were all. They were severally examined and appraised by old Joe, who chalked the sums he was disposed to give for each upon the wall, and added them up into a total when he found that there was nothing more to come.

"That's your account," said Joe, "and I wouldn't give another sixpence, if I was to be boiled for not doing it. Who's next?"

Mrs. Dilber was next. Sheets and towels, a little wearing apparel, two old-fashioned silver tea-spoons, a pair of sugar-tongs, and a few boots. Her account was stated on the wall in the same manner.

"I always give too much to ladies. It's a weakness of mine, and that's the way I ruin myself," said old Joe. "That's your account. If you asked me for another penny, and made it an open question, I'd repent of being so liberal, and knock off half-a-crown."

"And now undo my bundle, Joe," said the first woman.

Joe went down on his knees for the greater convenience of opening it, and, having unfastened a great many knots, dragged out a large heavy roll of some dark stuff.

"What do you call this?" said Joe. "Bed-curtains?"

—Hubiera querido que el lance no le so fuera tan barato, continuó la primera mujer: os aseguro que á estar en mi mano no hubiera perdido la ocasión de coger algo más. Desliad el paquete, tendero, y decid francamente lo que vale. No tengo reparo que lo vean. Los tres sabíamos antes de penetrar qué la clase de negocios que ha ceños. No bey ningún mal en ello.

Pero se entabló un pugilato de cortesía Los amigos de aquella mujer no quisieron por delicadeza, que fuese la primera, y el hombre del traje negro tuvo la primacía en desatar su lio... No guardaba mucho. Un sello ó dos; un lapicero; dos gemelos de camisa; un alfiler de muy poco valor; esto es todo. Los objetos fueron examinados fin cosía mente por el viejo tendero, quien iba marcando en la pared con una tiza la cantidad que pensaba dar por cada uno de ellos terminado el examen hizo la suma.

—He ahí, dijo, lo que valen. No Daria ni tres cuartos más aunque me tostaran á fuego lento. ¿Qué hay después de esto?

Tocaba la vez á la Dilber. Enseñó sabanas, servilletas, un traje, dos cucharillas de plata de forma antigua; unas tenacillas para el azúcar y algunas botas. El tendero hizo la cuenta como antes.

— Siempre pago de más á las señoras. Es una de mis debilidades, y por eso o arruino, dijo el tendero. He ahí vuestra cuenta. Si me pedís un cuarto más y entramos en cuestión, me desdiré, y rebajaré algo del primer propósito que he tenido.

—Ahora desliad mi paquete, dijo la primera mujer.

El tendero se arrodilló para mayor comodidad, y deshaciendo una porcion de nudos, sacó del lio una gruesa y pesada pieza de seda oscura.

—¿Qué es esto? preguntó. Son cortinas de cama.

"Ah!" returned the woman, laughing and leaning forward on her crossed arms. "Bed-curtains!"

"You don't mean to say you took 'em down, rings and all, with him lying there?" said Joe.

"Yes, I do," replied the woman. "Why not?"

"You were born to make your fortune," said Joe, "and you'll certainly do it."

"I certainly shan't hold my hand, when I can get anything in it by reaching it out, for the sake of such a man as He was, I promise you, Joe," returned the woman coolly. "Don't drop that oil upon the blankets, now."

"His blankets?" asked Joe.

"Whose else's do you think?" replied the woman. "He isn't likely to take cold without 'em, I dare say."

"I hope he didn't die of anything catching? Eh?" said old Joe, stopping in his work, and looking up.

"Don't you be afraid of that," returned the woman. "I an't so fond of his company that I'd loiter about him for such things, if he did. Ah! You may look through that shirt till your eyes ache; but you won't find a hole in it, nor a threadbare place. It's the best he had, and a fine one too. They'd have wasted it, if it hadn't been for me."

"What do you call wasting of it?" asked old Joe.

"Putting it on him to be buried in, to be sure," replied the woman with a laugh. "Somebody was fool enough to do it, but I took it off again. If calico an't good enough for such a purpose, it isn't good enough for anything. It's quite as becoming to the body. He can't look uglier than he did in that one."

—Sí, contestó riendo la mujer é inclinando el cuerpo sobre sus cruzados brazos. Cortinas de cama.

— No es posible que las hayas quitado, con anillos y todo, mientras que él estaba todavía en la cama, observó el tendero.

—Sí: ¿por qué no?

—Entonces has nacido para ser rica y lo serás.

—Te aseguro que no vacilaré en echar mano sobre cualquier cosa tratándose de ese hombre: te lo aseguro, amigo, ratificó con la tanora sangre fría. Ahora cuidado que nota aceite sobre los cobertores.

—¿Los cobertores? ¿De él? preguntó el tendero.

- De quién habían de ser? ¿Tienes miedo de que se constipe por haberle despojado de ellos?

—Pero confio en que no habrá muerto de alguna enfermedad contagiosa. ¿Eh? preguntó el tendero parando en el examen y le vantando la cabeza.

—No tengais miedo. A ser así no hubiera yo permanecido en su compañía portan mezquinas utilidades. Puedes examinar esa, camisa hasta que te se salten los ojos. No encontrarás ni el más pequeño agujero: ni siquiera está usada. Era la mejor que tenía y en verdad que no es mala. Ha sido una dicha que yo me hallase allí, porque si no se hubiera perdido.

—¿Cómo?

—Lo hubieran enterrado con ella. No hubiera faltado alguno bastante tonto pan hacerlo; por eso me he apresurado á quitársela. El percal es suficientemente bueno para tal uso: si no es útil para ese servicio, entonces ¿de qué sirve el percal? Es bueno para envolver cadáveres, y en cuanto á la elegancia, no estará más feo el cuerpo de ese tío dentro de una camisa de percal que dentro de una de hilo: es imposible.

Scrooge listened to this dialogue in horror. As they sat grouped about their spoil, in the scanty light afforded by the old man's lamp, he viewed them with a detestation and disgust which could hardly have been greater, though they had been obscene demons, marketing the corpse itself.

"Ha, ha!" laughed the same woman when old Joe, producing a flannel bag with money in it, told out their several gains upon the ground. "This is the end of it, you see! He frightened every one away from him when he was alive, to profit us when he was dead! Ha, ha, ha!"

"Spirit!" said Scrooge, shuddering from head to foot. "I see, I see. The case of this unhappy man might be my own. My life tends that way now. Merciful Heaven, what is this?"

He recoiled in terror, for the scene had changed, and now he almost touched a bed: a bare, uncurtained bed: on which, beneath a ragged sheet, there lay a something covered up, which, though it was dumb, announced itself in awful language.

The room was very dark, too dark to be observed with any accuracy, though Scrooge glanced round it in obedience to a secret impulse, anxious to know what kind of room it was. A pale light, rising in the outer air, fell straight upon the bed: and on it, plundered and bereft, unwatched, unwept, uncared for, was the body of this man.

Scrooge escuchaba lleno de horror aquel infame diálogo. Aquellos seres sentados, ó por mejor decir, agachados, sobre su pres; apretados unos contra otros á la pálida luz de la lámpara del tendero, le producía un sentimiento de odio y de asco, tan vivo como si hubiera visto á codiciosos demonios disputándose el mismo cadáver.

—¡Ah ah! continuó riendo la mujer, viendo que el tendero, sacando un taleguilla de franela, daba á cada uno, contándola en el suelo, la parte que le correspondía. Esto es lo mejor. Mientras vivió, todo el mundo se alejó de él, y así cuando ha muerto hemos podido aprovecharnos de sus despojos. Ja, ja, ja.

—Espíritu, dijo Scrooge estremeciéndose: comprendo: comprendo. La suerte de ese infortunado podría alcanzarme á mí también. A eso llega quien sigue la conducta que yo... Senor! ¡Misericordia! ¿Qué es lo que veo?

Y retrocedió lleno de horror, porque habiendo cambiado la escena, se vió cerca de un lecho, de un lecho despojado, sin cortinajes, sobre el cual, y cubierto con una sábana desgarrada, había algo que en su mudo silencio, hablaba al hombre con aterradora elocuencia.

El aposento estaba muy oscuro, demasiado oscuro para que se pudiera ver con exactitud lo que allí había, por más que Scrooge obedeciendo á un misterioso impulso, paseaba por aquella estancia sus inquietas miradas, deseoso de averiguar lo que aquello era. Una luz pálida que venía del exterior, alumbraba directamente el lecho donde yacía el muerto, robado, abandonado por todo el mundo, junto al cual no lloraba nadie, ni rezaba nadie.

Scrooge glanced towards the Phantom. Its steady hand was pointed to the head. The cover was so carelessly adjusted that the slightest raising of it, the motion of a finger upon Scrooge's part, would have disclosed the face. He thought of it, felt how easy it would be to do, and longed to do it; but had no more power to withdraw the veil than to dismiss the spectre at his side.

Oh, cold, cold, rigid, dreadful Death, set up thine altar here, and dress it with such terrors as thou hast at thy command: for this is thy dominion! But of the loved, revered, and honoured head thou canst not turn one hair to thy dread purposes, or make one feature odious. It is not that the hand is heavy, and will fall down when released; it is not that the heart and pulse are still; but that the hand WAS open, generous, and true; the heart brave, warm, and tender; and the pulse a man's. Strike, Shadow, strike! And see his good deeds springing from the wound, to sow the world with life immortal!

No voice pronounced these words in Scrooge's ears, and yet he heard them when he looked upon the bed. He thought, if this man could be raised up now, what would be his foremost thoughts? Avarice, hard dealing, griping cares? They have brought him to a rich end, truly!

He lay, in the dark, empty house, with not a man, a woman, or a child to say he was kind to me in this or that, and for the memory of one kind word I will be kind to him. A cat was tearing at the door, and there was a sound of gnawing rats beneath the hearth-stone. What they wanted in the room of death, and why they were so restless and disturbed, Scrooge did not dare to think.

Scrooge miró al aparecido, cuya mano fatal señalaba á la cabeza del cadáver. El sudario había sido puesto tan descuidadamente, que hubiera bastado el más pequeño movimiento de su cuerpo para descubrirle la cara. Scrooge advirtió lo fácil que era a hacerlo, y aun lo intentó, pero no se encontró con vigor para ello.

—¡Oh fría, fría, terrible, espantosa muerte! ¡Tú puedes levantar aquí tus altares y rodearlos de todos los horrores que tienes á mano, porque estos son tus dominios. Pero cuando se trata de una persona querida y estimada, ni nano de sus cabellos puede servir para que ostentes tus tremebundas enseñanzas, ni hacer odioso ninguno de los rasgos del muerto. Y no es que entonces no caiga su mano pesadamente si lo quieres así; no es que el corazón no deje de latir, pero aquella mano fui en otro tiempo dadivoso y leal; aquel corazón animoso y honrado: un verdadero corazón de hombre.

Hiere, hiere, despiadada muerte: harás brotar, de la herida del muerto las generosas acciones de éste; la honra de su efímera vida; el retoño de su existencia imperecedera!

Ninguna voz pronunció al oído de Scrooge estas palabras, y sin embargo, él las oyó al contemplar el lecho. Si este pudiera revivir, reflexionaba Scrooge, ¿qué diría ahora de sus pasados propósitos? Que la avaricia, la dureza del corazón, el afán de lucro ¡laudables propósitos! le habían conducido á una triste muerte. Ahí yace en esta mausión tan sombría y desierta. No hay ni un hombre, ni una mujer, ni un niño que puedan decir:—Fue bueno para mí en tal circunstancia; yo lo seré ahora para él en , memoria de su beneficio.—Sólo turbaban aquel glacial silencio un gato que arañaba en la puerta, y el ruido de las ratas que bajo la piedra de la chimenea roian algo. ¿Qué iban á buscar en aquella habitación mortuoria? ¿Por qué demostraban tanta avidez y tanta excitación? Scrooge no se atrevió á pensar.

"Spirit!" he said, "this is a fearful place. In leaving it, I shall not leave its lesson, trust me. Let us go!"

Still the Ghost pointed with an unmoved finger to the head.

"I understand you," Scrooge returned, "and I would do it if I could. But I have not the power, Spirit. I have not the power."

Again it seemed to look upon him.

"If there is any person in the town who feels emotion caused by this man's death," said Scrooge, quite agonised, "show that person to me, Spirit! I beseech you."

The Phantom spread its dark robe before him for a moment, like a wing; and, withdrawing it, revealed a room by daylight, where a mother and her children were. She was expecting some one, and with anxious eagerness; for she walked up and down the room; started at every sound; looked out from the window; glanced at the clock; tried, but in vain, to work with her needle; and could hardly bear the voices of her children in their play.

At length the long-expected knock was heard. She hurried to the door, and met her husband; a man whose face was careworn and depressed, though he was young. There was a remarkable expression in it now; a kind of serious delight of which he felt ashamed, and which he struggled to repress.

He sat down to the dinner that had been hoarding for him by the fire, and, when she asked him faintly what news (which was not until after a long silence), he appeared embarrassed how to answer.

—¡Espíritu!, dijo: este sitio es verdaderamente espantoso. No olvidaré, al abandonarlo, la lección que he recibido en él: creedlo así: marchemos.

El aparecido continuaba señalándole la cabeza del cadáver.

—Os comprendo, y lo haría como me encontrara con fuerzas para ello, mas no las tengo.

El fantasma lo miró entonces con mayor fijeza.

—Si hay alguna persona en la ciudad que experimente alguna emoción penosa á consecuencia de la muerte de ese hombre, dijo Scrooge con mortal agonía, mostrádmela espíritu; os conjuro á ello.

El fantasma extendió un momento su negra vestidura por encima de él y recogiéndola después, le presentó una sala ilumina da por la luz del día, donde se encontraban una madre y sus hijos.

Esperaba á alguien llena de impaciencia y de inquietud, porque no hacía más que ir de un lado á otro de la habitación, estremeciéndose al más pequeño ruido, mirando por la ventana ó al reloj, haciendo por coser para distraerse, y pudiendo sufrir apenas la voz de sus hijos que jugaban.

Por fin oyó el aldabonazo tan esperado y fue á abrir. Era su marido, hombre aun jóven, pero de fisonomía ajada por los sufrimientos, si bien entonces revestía un aspecto particular como de amarga satisfacción que le produjera vergüenza y que tratara de reprimir.

Tomó asiento para comer lo que su esposa le había guardado junto al fuego, y cuando ella le preguntó, al cabo de rato de silencio, con desmayado acento: «¿Qué noticias? él no quería responder.

"Is it good," she said, "or bad?" to help him.

"Bad," he answered.

"We are quite ruined?"

"No. There is hope yet, Caroline."

"If he relents," she said, amazed, "there is! Nothing is past hope, if such a miracle has happened."

"He is past relenting," said her husband. "He is dead."

She was a mild and patient creature, if her face spoke truth; but she was thankful in her soul to hear it, and she said so with clasped hands. She prayed forgiveness the next moment, and was sorry; but the first was the emotion of her heart.

"What the half-drunken woman, whom I told you of last night, said to me when I tried to see him and obtain a week's delay, and what I thought was a mere excuse to avoid me, turns out to have been quite true. He was not only very ill, but dying, then."

"To whom will our debt be transferred?"

"I don't know. But, before that time, we shall be ready with the money; and, even though we were not, it would be bad fortune indeed to find so merciless a creditor in his successor. We may sleep to-night with light hearts, Caroline!"

Yes. Soften it as they would, their hearts were lighter. The children's faces, hushed and clustered round to hear what they so little understood, were brighter; and it was a happier house for this man's death! The only emotion that the Ghost could show him, caused by the event, was one of pleasure.

—¿Son buenas ó malas? insistió ella.

—Malas.

—¿Estamos completamente arruinados? —No, Carolina: todavía queda una esperanza.

—Si él se ablanda. En ocurriendo tal milagro se puede esperar todo.

—No puede enternecerse: ha muerto.

Aquella mujer era una criatura dulce y resignada. No habia más que verla para reconocerlo desde luego, y sin embargo, al oír la noticia, no pudo menos de bendecir en lo profundo de su alma á Dios y aun de decir lo que pensaba. Después se arrepintió y demandó gracia por su malvada idea, mas el primer arranque fue el espontáneo.

—Lo que me dijo aquella mujer medio borracha, de quien os he hablado, á proposita de la tentativa que hice para verle y conseguir de él un nuevo plazo era cierto no era una evasiva para ocultarme la verdad. No solamente estaba enfermo, sino moribundo.

—¿A quién será endosada nuestra deuda?

—Lo ignoro; pero antes de que termine el plazo espero tener con que pagarla, y ano cuando no sucediera de este modo, sería el exceso de la desdicha que tropezáramos con un acreedor de corazón tan duro. Esta noche podemos dormir más tranquilos.

Sí: á pesar de ellos mismos, sus corazones se sentian satisfechos. Los niños, que se habían agrupado cerca de sus padres para oir aquella conversación de la que nada comprendían, manifestaban en sus rostros estar más alegres: muerte de aquel hombre devolvía un poco de felicidad á una familia! La única emoción que el fallecimiento había causado era una emoción de placer.

"Let me see some tenderness connected with a death," said Scrooge; "or that dark chamber, Spirit, which we left just now, will be for ever present to me."

The Ghost conducted him through several streets familiar to his feet; and, as they went along, Scrooge looked here and there to find himself, but nowhere was he to be seen. They entered poor Bob Cratchit's house,-- the dwelling he had visited before,--and found the mother and the children seated round the fire.

Quiet. Very quiet. The noisy little Cratchits were as still as statues in one corner, and sat looking up at Peter, who had a book before him.

The mother and her daughters were engaged in sewing. But surely they were very quiet!

"'And he took a child, and set him in the midst of them.'"

Where had Scrooge heard those words? He had not dreamed them. The boy must have read them out, as he and the Spirit crossed the threshold. Why did he not go on?

The mother laid her work upon the table, and put her hand up to her face.

"The colour hurts my eyes," she said.

"The colour? Ah, poor Tiny Tim!

"They're better now again," said Cratchit's wife. "It makes them weak by candle-light; and I wouldn't show weak eyes to your father, when he comes home, for the world. It must be near his time."

"Past it rather," Peter answered, shutting up his book. "But I think he has walked a little slower than he used, these few last evenings, mother."

—Espíritu, dijo Scrooge: hacedme ver una escena de ternura íntimamente ligada con la idea de la muerte, porque si no aquella estancia tan sombría que me habéis presentado, estará siempre presente en mi memoria.

El aparecido lo condujo por diferentes calles, y á medida que adelantaban, Scrooge iba mirando á todos lados con la esperanza de contemplar su imagen, pero no la vio. Entraron en la habitación de Bob Cratchit, la misma que Scrooge había visitado antes, y allí encontraron á la madre y á sus hijos sentados alrededor del fuego.

Estaban tranquilos, muy tranquilos, inclusas los enredadores pequeños. Todos escuchaban á Pedro el hermano mayor, quien leía en un libro, mientras que la madre y las hermanas se entregaban á la costura. ¡Aquella familia estaba positivamente tranquila! Y tomando de la mano a un niño, lo puso en medio de ellos.

¿Dónde había oído Scrooge aquellas palabras? De seguro que no las había soñado. Por fuerza debió ser el lector quien las pronunciara en alta voz, cuando Scrooge y el espíritu atravesaron los umbrales. ¿Por qué se había interrumpido la lectura?

La madre colocó su tarea sobre la mesa y se cubrió la cara con las manos.

—El color de esta tela me hace daño á la vista, dijo.

—¿El color? Ah pobre Tiñy Tim.

—Ahora tengo mejor los ojos. Sin duda la luz artificial me los cansa, pero no quiero á ningún precio que vuestro padre lo eche de ver. No debe tardar mucho, porque ya está próxima la hora.

— Ha pasado ya, repuso Pedro cerrando al mismo tiempo el libro. He advertido que anda más despacio hace unos días.

They were very quiet again. At last she said, and in a steady, cheerful voice, that only faltered once:

"I have known him walk with--I have known him walk with Tiny Tim upon his shoulder very fast indeed."

"And so have I," cried Peter. "Often."

"And so have I," exclaimed another. So had all.

"But he was very light to carry," she resumed, intent upon her work, "and his father loved him so, that it was no trouble: no trouble. And there is your father at the door!"

She hurried out to meet him; and little Bob in his comforter--he had need of it, poor fellow--came in. His tea was ready for him on the hob, and they all tried who should help him to it most. Then the two young Cratchits got upon his knees, and laid, each child, a little cheek against his face, as if they said, "Don't mind it, father. Don't be grieved!"

Bob was very cheerful with them, and spoke pleasantly to all the family. He looked at the work upon the table, and praised the industry and speed of Mrs. Cratchit and the girls. They would be done long before Sunday, he said.

"Sunday! You went to-day, then, Robert?" said his wife.

"Yes, my dear," returned Bob. "I wish you could have gone. It would have done you good to see how green a place it is. But you'll see it often. I promised him that I would walk there on a Sunday. My little, little child!" cried Bob. "My little child!"

He broke down all at once. He couldn't help it. If he could have helped it, he and his child would have been farther apart, perhaps, than they were.

200

La familia volvió á su anterior silencio y á su inmovilidad. Pasado un rato la madre tomó otra vez la palabra con voz firme, cuyo tono festivo no se alteró más que una vez.

—Hubo un tiempo en que iba de prisa; demasiado tal vez, llevando á Tiny Tim en los hombros.

—Yo lo he visto, continuó Pedro; y á menudo.

—Y yo también, continuaron todos.

—Pero Tiny Tim pesaba poco, añiló la madre siguiendo en su tarea; y luego lo quería tanto su padre, que no era ningún trabajo para éste. Pero ahí le tenemos.

Y corrió á recibirlo. Bob entró arrebujado en su tapaboca: bien necesitaba descansar aquel pobre hombre. Tenía preparado su té puesto al fuego, y hubo lucha sobre quién le serviría primero. Sobre sus rodillas se pusieron los dos niños, y ambos aplicaron sus mejillas á las de su padre como diciéndole: c Olvidadlo padre; no estéis triste.

Bob se manifestó muy alegre con todos. A todos les dedicó un chiste. Examinó la obra de Mrs. Cratchit y sus hijas y la elogió mucho.

—Esto lo acabareis antes del domingo.

—¡El domingo! ¿Habéis ido hoy? le preguntó su esposa.

—Sí, querida mía. De consentirlo esos trabajos que lleváis, hubiera deseado que vinierais conmigo. No puedes figurarte qué verde está el sitio. Pero lo visitareis con frecuencia. Le prometí que iría á pasear un domingo ¡Oh hijo mío! exclamó Bob; ¡pobre hijo mío!

Y rompió á sollozar sin poder contenerse. Para contenerse hubiera sido necesario que no acabara de experimentar la pérdida de su hijo.

He left the room, and went up-stairs into the room above, which was lighted cheerfully, and hung with Christmas. There was a chair set close beside the child, and there were signs of some one having been there lately. Poor Bob sat down in it, and, when he had thought a little and composed himself, he kissed the little face. He was reconciled to what had happened, and went down again quite happy.

They drew about the fire, and talked; the girls and mother working still. Bob told them of the extraordinary kindness of Mr. Scrooge's nephew, whom he had scarcely seen but once, and who, meeting him in the street that day, and seeing that he looked a little--"just a little down, you know," said Bob, inquired what had happened to distress him.

"On which," said Bob, "for he is the pleasantest-spoken gentleman you ever heard, I told him. 'I am heartily sorry for it, Mr. Cratchit,' he said, 'and heartily sorry for your good wife.' By-the-bye, how he ever knew that I don't know."

"Knew what, my dear?"

"Why, that you were a good wife," replied Bob.

"Everybody knows that," said Peter.

"Very well observed, my boy!" cried Bob. "I hope they do. 'Heartily sorry,' he said, 'for your good wife. If I can be of service to you in any way,' he said, giving me his card, 'that's where I live. Pray come to me.' Now, it wasn't," cried Bob, "for the sake of anything he might be able to do for us, so much as for his kind way, that this was quite delightful. It really seemed as if he had known our Tiny Tim, and felt with us."

"I'm sure he's a good soul!" said Mrs. Cratchit.

Salió de la sala y subió á una del piso superior, vistosamente alumbrada y llena de guirnaldas, como en tiempo do Navidad. Allí había una silla colocada junto a la camita del niño, en la que se veían señales indudables do que alguno acababa de ocuparla. El pobre Bob se sentó también, y cuando hubo reflexionado un poco, y calmándose, imprimió un beso en la frente del niño: con esto se resignó algo y bajó de nuevo casi feliz... en la apariencia.

La familia le rodeó y entablaron conversaciones: la madre y las hijas trabajaban siempre. Bob les habló de la singular benevolencia con que le había hablado el sobrino de Mr. Scrooge, persona á quien apenas trataba, el cual habiéndole encontrado aquel día y viéndole un poco un poco abatido; ya sabéis: quiso averiguar, lleno del mayor interés, lo sucedido. Por este motivo, y observando que era el señor más afable del mundo, le he contado todo.— Siento mucho lo que me acabáis de referir, señor Cratchit, me ha dicho; por vos y por vuestra excelente esposa. A propósito: ignoro cómo ha podido saber él eso.

—Saber ¿qué?

—Que sois una excelente mujer.

—¡Pero si eso lo sabe todo el mundo! dijo Pedro.

—Muy bien contestado, hijo mío, exclamó Bob. Lo siento, me ha dicho, por vuestra excelente esposa, y si puedo seros útil en algo, añadió entregándome una tarjeta, he aquí mis señas. Os ruego que vayáis á verme. Estoy entusiasmado, no sólo por lo que espero que haga en favor nuestro, sino por la amabilidad con que se ha explicado. Parecía sentir la desgracia de Tiny Tim como si lo hubiera conocido; como nosotros mismos.

—Estoy segura de que abriga un buen corazón, dijo Mrs. Cratchit.

"You would be sure of it, my dear," returned Bob, "if you saw and spoke to him. I shouldn't be at all surprised--mark what I say!--if he got Peter a better situation."

"Only hear that, Peter," said Mrs. Cratchit.

"And then," cried one of the girls, "Peter will be keeping company with some one, and setting up for himself."

"Get along with you!" retorted Peter, grinning.

"It's just as likely as not," said Bob, "one of these days; though there's plenty of time for that, my dear. But, however and whenever we part from one another, I am sure we shall none of us forget poor Tiny Tim--shall we--or this first parting that there was among us?"

"Never, father!" cried they all.

"And I know," said Bob, "I know, my dears, that when we recollect how patient and how mild he was, although he was a little, little child, we shall not quarrel easily among ourselves, and forget poor Tiny Tim in doing it."

"No, never, father!" they all cried again.

"I am very happy," said little Bob, "I am very happy!"

Mrs. Cratchit kissed him, his daughters kissed him, the two young Cratchits kissed him, and Peter and himself shook hands. Spirit of Tiny Tim, thy childish essence was from God!

—Aun estaríais más segura si lo hubierais visto y hablado. No me sorprendería, fijaos bien, que proporcionase á Pedro mejor empleo que el que tiene.

—¿Oís Pedro? preguntó Mrs. Cratchit.

—Entonces, dijo unidle las jóvenes, Pedro se casaría, estableciéndose por su cuenta.

—Vete á paseo, dijo Pedro, haciendo una mueca.

—¡Caramba! Eso puede ser ó no puede ser: tantas probabilidades hay para lo uno como para lo otro, observó Bob. Es cosa que puede suceder el día menos pensado, aunque hay tiempo para reflexionar sobre ello, hijo mío. Pero sea lo que quiera, espero que cuando nos separemos, ninguno de vosotros olvidará al pobre Tiny Tim ¿No es verdad que ninguno de nosotros olvidará esta primera separación?

—¡Nunca, padre mío!, gritaron todos á la vez.

—Y estoy convencido, continuó Bob, de quo cuando nos acordemos de lo dulce y paciente que era, aunque no pasaba de ser un niño, un niño bien pequeño, no reñiremos unos contra otros, porque esto sería olvidar al pobre Tiny Tim.

—¡No, nunca; dijeron todos! Me hacéis dichoso: verdaderamente dichoso.

—Mrs. Cratchit lo abrazó; sus hijas lo abrazaron; los pequeños Cratchit lo abrazaron; Pedro lo estrechó tiernamente. Alma de Tiny Tim: en tu esencia infantil eras como una emanación de la divinidad.

"Spectre," said Scrooge, "something informs me that our parting moment is at hand. I know it, but I know not how. Tell me what man that was whom we saw lying dead?"

The Ghost of Christmas Yet To Come conveyed him, as before--though at a different time, he thought: indeed, there seemed no order in these latter visions, save that they were in the Future--into the resorts of business men, but showed him not himself. Indeed, the Spirit did not stay for anything, but went straight on, as to the end just now desired, until besought by Scrooge to tarry for a moment.

"This court," said Scrooge, "through which we hurry now, is where my place of occupation is, and has been for a length of time. I see the house. Let me behold what I shall be in days to come."

The Spirit stopped; the hand was pointed elsewhere.

"The house is yonder," Scrooge exclaimed. "Why do you point away?"

The inexorable finger underwent no change.

Scrooge hastened to the window of his office, and looked in. It was an office still, but not his. The furniture was not the same, and the figure in the chair was not himself. The Phantom pointed as before.

He joined it once again, and, wondering why and whither he had gone, accompanied it until they reached an iron gate. He paused to look round before entering.

—Espectro, dijo Scrooge, presiento que 'a hora de nuestra separación se acerca. Lo presiento sin saber cómo se verificará. ¿Dime quién era el hombre á quien hemos visto tendido en su lecho de muerte. El aparecido lo transportó como antes, (aunque en una ápoca diferente, pensaba Scrooge, porque las últimas visiones se confundían en su memoria: lo que notaba claramente era que se referían al porvenir) á los sitios donde se congregaban los negociantes, pero sin mostrarle su otro yo. No se detuvo allí el espíritu, sino que anduvo muy de prisa, como para llegar más pronto adonde sí proponía, hasta que Scrooge le suplicó que descansaran un momento.

—Este patio que tan de prisa atravesamos, dijo Scrooge, es el centro donde he establecido mis negocios. Reconozco la casa: dejadme ver lo que seré un día.

El espíritu se detuvo, pero con la mano señalaba á otro punto.

—Allá bajo está mi casa; ¿por qué me indicáis que vayamos más lejos?

El espectro seguía marcando inexorablemente otra dirección.

Scrooge corrió á la ventada de su despacho y miró al interior. Era siempre su despacho, más no ya el suyo. Habia diferentes muebles y era otra la persona que estaba sentada en el sillon: el fantasma seguía indicando otro punto.

Scrooge se le unió, y preguntándose acerca de lo que había sucedido, echó tras de su conductor hasta que llegaron á una verja de hierro. Antes de entrar observó alrededor de sí.

A churchyard. Here, then, the wretched man, whose name he had now to learn, lay underneath the ground. It was a worthy place. Walled in by houses; overrun by grass and weeds, the growth of vegetation's death, not life; choked up with too much burying; fat with repleted appetite. A worthy place!

The Spirit stood among the graves, and pointed down to One. He advanced towards it trembling. The Phantom was exactly as it had been, but he dreaded that he saw new meaning in its solemn shape.

"Before I draw nearer to that stone to which you point," said Scrooge, "answer me one question. Are these the shadows of the things that Will be, or are they shadows of the things that May be only?"

Still the Ghost pointed downward to the grave by which it stood.

"Men's courses will foreshadow certain ends, to which, if persevered in, they must lead," said Scrooge. "But if the courses be departed from, the ends will change. Say it is thus with what you show me!"

The Spirit was immovable as ever.

Scrooge crept towards it, trembling as he went; and, following the finger, read upon the stone of the neglected grave his own name:

EBENEZER   SCROOGE.

Era un cementerio. Allí, sin duda, y bajo algunos pies de tierra, yacia el desdichado cuyo nombre quería saber. Era ¡un hermoso sitio, á la verdad, cercado de muros, invadido por el césped y las hierbas silvestres; en donde la vegetación moría por lo mismo que estaba excesivamente alimentada; ¡hasta el asco con la abundancia de despojos mortales que allí había! ¡Oh qué hermoso sitio! El espíritu, de pié en medio de las tumbas, indio una de estas, y Scrooge se acercó temblando. El espíritu era siempre el mismo, pero Scrooge creyó notar en él algo de un nuevo y pavoroso augurio.

—Antes de que dé un paso hacía la losa que me designáis, satisfaced, dijo, la siguiente pregunta: ¿Esta es la imágen de lo que ha de ser ó de lo que puede ser?

El espíritu se limitó á bajar la mano en dirección á una losa próximos á la cual se hallaban.

—Cuando los hombres se comprometen á ejecutar algunas resoluciones, por ellas pueden conocer el resultado de las mismas; pero si las abandonan, el resultado puede ser otro. ¿Sucede lo mismo en los espectáculos que representáis á mi vista?

El mismo silencio.

Scrooge se arrastró hacía la tumba poseído de espanto, y siguiendo la dirección del dedo del fantasma leyó sobre la piedra de una sepultura abandonada:

EBENEZER   SCROOGE

"Am I that man who lay upon the bed?" he cried upon his knees.

The finger pointed from the grave to him, and back again.

"No, Spirit! Oh no, no!"

The finger still was there.

"Spirit!" he cried, tight clutching at its robe, "hear me! I am not the man I was. I will not be the man I must have been but for this intercourse. Why show me this, if I am past all hope?"

For the first time the hand appeared to shake.

"Good Spirit," he pursued, as down upon the ground he fell before it: "your nature intercedes for me, and pities me. Assure me that I yet may change these shadows you have shown me by an altered life?.

The kind hand trembled.

"I will honour Christmas in my heart, and try to keep it all the year. I will live in the Past, the Present, and the Future. The Spirits of all Three shall strive within me. I will not shut out the lessons that they teach. Oh, tell me I may sponge away the writing on this stone!"

In his agony, he caught the spectral hand. It sought to free itself, but he was strong in his entreaty, and detained it. The Spirit, stronger yet, repulsed him.

Holding up his hands in a last prayer to have his fate reversed, he saw an alteration in the Phantom's hood and dress. It shrunk, collapsed, and dwindled down into a bedpost.

—¿Soy yo, el hombre á quien he contemplado en su lecho de muerte? preguntó cayendo de rodillas.

El espíritu señaló alternativamente á él y á la tumba; á la tumba y á él.

—No, espíritu: no, no.

El espíritu continuó inflexible.

—Espíritu, gritó, agarrándose á la vestidura; escúchame. Ya no soy el hombre que era, y no seré el hombre que hubiera sido, á no tener la dicha de que me visitarais. ¿Para qué me habéis enseñado esto si no hay ninguna esperanza?

Por primera vez la mano hizo un movimiento.

—Buen espíritu, continuó Scrooge siempre arrodillado y con la cara en tierra: interceded por mí; tened piedad de mí. Aseguradme que puedo cambiar esas imágenes que me habéis mostrado, mudando de vida.

La mano se agitó haciendo un ademan de benevolencia.

—Celebraré la Navidad en el fondo de mi corazon, y me esforzaré en conservar su culto todo el año. Viviré en el pasado, en el presente y en el porvenir: siempre estarán presentes en mi memoria los tres espíritus y no olvidaré sus lecciones. ¡Oh! Decidme que puedo borrar la inscripción de esta piedra.

Y en su angustia cogió la mano del aparecido, quien quiso retirarla, pero no pudo al pronto por el vigoroso apretón de Scrooge: al fin, como más fuerte, se desasió.

Alzando las manos en actitud de súplica para que cambiase la suerte que le aguardaba, Scrooge notó una alteración en la vestidura encapuchada del espíritu, el cual disminuyendo de estatura, se desvaneció en sí mismo, trocándose en una columna de cama.

FIFTH VERSE - Conclusion

Yes! and the bedpost was his own. The bed was his own, the room was his own. Best and happiest of all, the Time before him was his own, to make amends in!

"I will live in the Past, the Present, and the Future!" Scrooge repeated as he scrambled out of bed. "The Spirits of all Three shall strive within me. Oh, Jacob Marley! Heaven and the Christmas Time be praised for this! I say it on my knees, old Jacob; on my knees!"

He was so fluttered and so glowing with his good intentions, that his broken voice would scarcely answer to his call. He had been sobbing violently in his conflict with the Spirit, and his face was wet with tears.

"They are not torn down," cried Scrooge, folding one of his bed-curtains in his arms, "they are not torn down, rings and all. They are here--I am here--the shadows of the things that would have been may be dispelled. They will be. I know they will!"

His hands were busy with his garments all this time; turning them inside out, putting them on upside down, tearing them, mislaying them, making them parties to every kind of extravagance.

"I don't know what to do!" cried Scrooge, laughing and crying in the same breath; and making a perfect Laocooen of himself with his stockings.

"I am as light as a feather, I am as happy as an angel, I am as merry as a school-boy. I am as giddy as a drunken man. A merry Christmas to everybody! A happy New Year to all the world! Hallo here! Whoop! Hallo!"

He had frisked into the sitting-room, and was now standing there: perfectly winded.

QUINTA ESTROFA - Conclusión

Y era una columna de cama.

Sí, y de su cama. Y más aún; estaba en su cuarto. El mañana era suyo y podía enmendarse.

—Quiero vivir en lo pasado, en el presente y en el porvenir, repitió Scrooge, echándose fuera de la cama. Las lecciones de los tres espíritus permanecerán grabadas en mi memoria. ¡Oh Jacobo Marley! ¡Benditos sean el cielo y la tierra por sus beneficios! Lo digo de rodillas, mi viejo Marley; sí, de rodillas.

Y se encontraba tan animado, tan enardecido con sus buenos propósitos, que su voz, ya cascada, apenas bastaba para ex presar el sentimiento que se los infundía. De tanto sollozar en su lucha con el espíritu, las lágrimas inundaban su rostro.

—No los han arrancado, no, decia Scrooge abrazándose á los cortinajes del lecho; no: ni los anillos. Están aquí. Las imágenes de las cosas que hubieran podido suceder, pueden también desvanecerse; se disiparán; ya lo sé.

Sin embargo no acertaba á vestirse. Se ponía al revés las prendas, volviéndolas en todos sentidos, sin atinar; en su turbación rompía las calcetas y las dejaba caer, haciéndolas cómplices de toda suerte de extravagancias.

—No sé lo que me hago, exclamó riendo y llorando á la vez, y representando con su apostura y sus calcetas el grupo del Laocoonte antiguo y sus serpientes. Noto en mí la ligereza de una pluma; que soy felicísimo como los ángeles, alegre como un estudiante y aturdido como un hombre ebrio. ¡Felices Pascuas á todo el mundo! ¡Bueno, dichoso año para todos! Hola, eh, eh, hola.

Y dando saltos se dirigió desde la alcoba hasta el salon, hasta que le faltó el aliento.

"There's the saucepan that the gruel was in!" cried Scrooge, starting off again, and going round the fire-place. "There's the door by which the Ghost of Jacob Marley entered! There's the corner where the Ghost of Christmas Present sat! There's the window where I saw the wandering Spirits! It's all right, it's all true, it all happened. Ha, ha, ha!"

Really, for a man who had been out of practice for so many years, it was a splendid laugh, a most illustrious laugh. The father of a long, long line of brilliant laughs!

"I don't know what day of the month it is," said Scrooge. "I don't know how long I have been among the Spirits. I don't know anything. I'm quite a baby. Never mind. I don't care. I'd rather be a baby. Hallo! Whoop! Hallo here!"

He was checked in his transports by the churches ringing out the lustiest peals he had ever heard. Clash, clash, hammer; ding, dong, bell! Bell, dong, ding; hammer, clang, clash! Oh, glorious, glorious!

Running to the window, he opened it, and put out his head. No fog, no mist; clear, bright, jovial, stirring, cold; cold, piping for the blood to dance to; Golden sunlight; Heavenly sky; sweet fresh air; merry bells. Oh, glorious! Glorious!

"What's to-day?" cried Scrooge, calling downward to a boy in Sunday clothes, who perhaps had loitered in to look about him.

"EH?" returned the boy with all his might of wonder.

"What's to-day, my fine fellow?" said Scrooge.

"To-day!" replied the boy. "Why, CHRISTMAS DAY."

—He ahí el peralillo con el cocimiento de avena, exclamó volviendo á los saltos delante de la chimenea. He ahí la ventana por donde ha entrado el espíritu de Marley he ahí el rincón donde se ha sentado el espíritu de la Navidad actual. He ahí la ventana desde donde he visto las almas en pena. Todo está en su sitio: todo ha sucedido,.... Já, já, já.

Y á la verdad que para un hombre tan desacostumbrado á ella, la risa tenía mucho de magnífica, de esplendorosa: era una risa productora de muchas y muchas generaciones de estrepitosa risas.

—No sé á qué día del mes estamos, continuó Scrooge. No sé cuánto tiempo he permanecido con los espíritus. No sé nada; estoy como un niño. Pero no me importa. Desearía serlo, sí; un niño, Eh, hola, upa, hola.

El alegre repiqueteo do las campanas de las iglesias le sorprendió en medio de sus arrebatos.

—¡Oh! hermoso, hermoso. Fue á la ventana, la abrió y miró hacia la atmósfera. Nada de niebla.

Un frio vivo y penetrante; uno de esos fríos que alegran y entonan; uno de esos fríos que hacen circular la sangre en las venas con desusada rapidez; un sol de oro; un cielo brillante. ¡Hermoso, hermoso!

—¿En qué día estamos? preguntó Scrooge á un jovencillo muy bien puesto, y que se había parado sin duda para contemplar á Scrooge.

—¿Eh? preguntó el jovencillo admirado.

—¿Que en qué día estamos?

—¿Hoy? Pues en el primero de Navidad.

"It's Christmas Day!" said Scrooge to himself. "I haven't missed it. The Spirits have done it all in one night. They can do anything they like. Of course they can. Of course they can. Hallo, my fine fellow!"

"Hallo!" returned the boy.

"Do you know the Poulterer's in the next street but one, at the corner?" Scrooge inquired.

"I should hope I did," replied the lad.

"An intelligent boy!" said Scrooge. "A remarkable boy! Do you know whether they've sold the prize Turkey that was hanging up there?—Not the little prize Turkey: the big one?"

"What! the one as big as me?" returned the boy.

"What a delightful boy!" said Scrooge. "It's a pleasure to talk to him. Yes, my buck!"

"It's hanging there now," replied the boy.

"Is it?" said Scrooge. "Go and buy it."

"Walk-ER!" exclaimed the boy.

"No, no," said Scrooge, "I am in earnest. Go and buy it, and tell 'em to bring it here, that I may give them the directions where to take it.

Come back with the man, and I'll give you a shilling. Come back with him in less than five minutes, and I'll give you half-a-crown!"

The boy was off like a shot. He must have had a steady hand at a trigger who could have got a shot off half so fast.

"I'll send it to Bob Cratchit's," whispered Scrooge, rubbing his hands, and splitting with a laugh. "He shan't know who sends it. It's twice the size of Tiny Tim. Joe Miller never made such a joke as sending it to Bob's will be!"

The hand in which he wrote the address was not a steady one; but write it he did, somehow, and went down-stairs to open the street-door, ready for the coming of the poulterer's man. As he stood there, waiting his arrival, the knocker caught his eye.

216

—¡El primer día de Navidad! ¡Luego no falto á él! Los espíritus lo han hecho todo en una noche. Pueden hacer lo que se les antoje.

¡Quién lo duda! Eh, joven. —¿Qué hay?

—¿Sabes la tienda del comerciante de volatería que está en la esquina de la segunda calle?

—Sí, por cierto.

—He ahí un chico muy inteligente; un joven notable. ¿Sabes si han vendido la hermosa pava que tenían ayer de muestra? No la pequeña, la grande.

—¿Laque es casi tan grande como yo?

—Cuidado que es encantador ese joven. Da gusto hablar con él. Sí, esa.

—Todavía está.

—Entonces ve á buscarla.

— ¡Qué chusco es el hombre!

—No; hablo formalmente. Ve á comprarla, y di que me la traigan: yo les daré las señas de la casa adonde han de llevarla. Ven coa el mozo y te daré un chelín. Mira: si vienes antes de cinco minutos, te daré más.

Y el jovencillo salió como un rayo. No habría arquero que despidiese con tanta rapidez la saeta.

—La enviaré á cosa de Bob Cratchit, dijo Scrooge frotándose las manos y riendo. No sabrá quién el remite. Es dos veces más grande que Tiny Tim. Estoy seguro que agradará la broma.

Escribió las señas con mano no muy firme, pero las escribió como le fue posible y bajó á abrir la puerta de la calle para recibir al mozo portador. Mientras se encontraba allí aguardando, fijó sus miradas en el aldabón.

"I shall love it as long as I live!" cried Scrooge, patting it with his hand. "I scarcely ever looked at it before. What an honest expression it has in its face! It's a wonderful knocker!--Here's the Turkey. Hallo! Whoop! How are you? Merry Christmas!"

It was a Turkey! He never could have stood upon his legs, that bird. He would have snapped 'em short off in a minute, like sticks of sealing-wax.

"Why, it's impossible to carry that to Camden Town," said Scrooge. "You must have a cab."

The chuckle with which he said this, and the chuckle with which he paid for the Turkey, and the chuckle with which he paid for the cab, and the chuckle with which he recompensed the boy, were only to be exceeded by the chuckle with which he sat down breathless in his chair again, and chuckled till he cried.

Shaving was not an easy task, for his hand continued to shake very much; and shaving requires attention, even when you don't dance while you are at it. But, if he had cut the end of his nose off, he would have put a piece of sticking-plaster over it, and been quite satisfied.

He dressed himself "all in his best," and at last got out into the streets. The people were by this time pouring forth, as he had seen them with the Ghost of Christmas Present; and, walking with his hands behind him, Scrooge regarded every one with a delighted smile.

He looked so irresistibly pleasant, in a word, that three or four good-humoured fellows said, "Good morning, sir! A merry Christmas to you!" And Scrooge said often afterwards that, of all the blithe sounds he had ever heard, those were the blithest in his ears.

—Te querré siempre, dijo acariciándolo con la mano. ¡Y yo que nunca reparaba Ya lo creo. ¡Qué expresión de honradez en la fisonomía ¡Ah, excelente aldabón! Pero ya tenemos aquí la pava. Hola, hola. ¿Qué tal estáis? Felices Pascuas.

¿Era aquello una pava? no, no es posible que hubiera podido sostenerse jamás sobre las patas semejante ave; las hubiera tronchado en menos de dos minutos como si fueran barras de lacre.

—Ahora caigo en la cuenta, dijo Scrooge. No podéis llevarla tan lejos sin tomar un simón.

La risa con que pronunció estas palabras, la risa con que acompañó el pago del ave, la risa con que dio el dinero para el coche, y la risa con que, además, gratificó al joven cilio, no fue sobrepujada más que por la estrepitosa risa con que se sentó eco su sillón sin fuerzas, sin aliento.

No pudo afeitarse con facilidad, porque su mano continuaba temblando, y esta operación exige gran cuidado, aunque no se ponga uno precisamente á bailar al ejecutarla. Sin embargo, aunque se hubiese cortado la punta de la nariz, con ponerse un pedazo de tafetán inglés, hubiera salido del paso sin perder por eso su buen humor.

Se vistió con todo lo mejor que tenía, y una vez hecho, salió á pasear por las calles. Estaban henchidas de gentes, como cuando las vio en compañía del espíritu de la Navidad actual. Iba andando con las manos atrás, y mirando á todos con aire de satisfacción.

Denotaba su aspecto tan grande simpatía, que tres ó cuatro jóvenes alegres no pudieron menos de decirle: «Muy buenos días caballero, felices Pascuas.» Scrooge afirmaba después que de todos los sones agradables que había oído, éste le pareció sin género de duda el que más.

He had not gone far when, coming on towards him, he beheld the portly gentleman who had walked into his counting-house the day before, and said, "Scrooge and Marley's, I believe?" It sent a pang across his heart to think how this old gentleman would look upon him when they met; but he knew what path lay straight before him, and he took it.

"My dear sir," said Scrooge, quickening his pace, and taking the old gentleman by both his hands, "how do you do? I hope you succeeded yesterday. It was very kind of you. A merry Christmas to you, sir!"

"Mr. Scrooge?"

"Yes," said Scrooge. "That is my name, and I fear it may not be pleasant to you. Allow me to ask your pardon. And will you have the goodness----" Here Scrooge whispered in his ear.

"Lord bless me!" cried the gentleman, as if his breath were taken away.

"My dear Mr. Scrooge, are you serious?"

"If you please," said Scrooge. "Not a farthing less. A great many back-payments are included in it, I assure you. Will you do me that favour?"

"My dear sir," said the other, shaking hands with him, "I don't know what to say to such munifi----"

"Don't say anything, please," retorted Scrooge. "Come and see me. Will you come and see me?"

"I will!" cried the old gentleman. And it was clear he meant to do it.

"Thankee," said Scrooge. "I am much obliged to you. I thank you fifty times. Bless you!"

Al poco rato divisó al caballero de fisonomía distinguida, que había estado á verle la noche anterior, á verle en su despacho, preguntándole: ¿Scrooge y Marley? A su vista experimentó un dolor penetrante en el corazón, pensando en la mirada que iba á dirigirle aquel caballero cuando lo viera; mas pronto comprendió lo que debía hacer, y apresurando el paso para estrechar la mano de aquel caballero, le dijo:

—Señor mío, ¿cómo estáis? Espero que habreis obtenido un magnífico resultado ayer. Es una tarea que os honra. Felices Pascuas.

—¿Mr. Scrooge?

—Sí señor, es mi nombre. Me temo que no suene muy agradablemente en vuestros oídos. Permitidme que me disculpe. Tendríais la bondad.... ? (Entonces Scrooge le dijo unas palabras al oído.)

—¡Dios mío ! ¿Es posible? exclamó el caballero atónito. Sr. Scrooge ¿ habláis formalmente?

—No lo dudéis, ni un ochavo monos. No hago más que pagar lo atrasado: os lo aseguro. Queréis hacerme ese favor?

—Señor, replicó el caballero apretándole la mano cordialmente: no sé cómo ensalzar tanta monifi...

—Ni una palabra más, os lo suplico, interrumpió Scrooge. Venid á verme. ¿Queréis venir á verme ?

—¡Ciertamente!, exclamó el caballero. A no dudarlo era su intención; se conocía en su aspecto y en el tono de voz.

—Gracias, dijo Scrooge, os estoy muy reconocido y os doy miles de gracias. Adiós.

He went to church, and walked about the streets, and watched the people hurrying to and fro, and patted the children on the head, and questioned beggars, and looked down into the kitchens of houses, and up to the windows; and found that everything could yield him pleasure. He had never dreamed that any walk—that anything—could give him so much happiness. In the afternoon he turned his steps towards his nephew's house.

He passed the door a dozen times before he had the courage to go up and knock. But he made a dash, and did it.

"Is your master at home, my dear?" said Scrooge to the girl. Nice girl! Very.

"Yes sir."

"Where is he, my love?" said Scrooge.

"He's in the dining-room, sir, along with mistress. I'll show you up-stairs, if you please."

"Thankee. He knows me," said Scrooge, with his hand already on the dining-room lock. "I'll go in here, my dear."

He turned it gently, and sidled his face in round the door. They were looking at the table (which was spread out in great array); for these young housekeepers are always nervous on such points, and like to see that everything is right.

"Fred!" said Scrooge.

Dear heart alive, how his niece by marriage started! Scrooge had forgotten, for the moment, about her sitting in the corner with the footstool, or he wouldn't have done it on any account.

"Why, bless my soul!" cried Fred, "who's that?"

Entró en la iglesia, recorrió las calles, examinó las gentes que iban y venían parel euros as, dio cariñosos golpecitos á los niños en la cabeza, preguntó á los mendigos acerca de sus necesidades; miró curiosamente á las cocinas de las casas y después á los balcones: todo cuanto veía le causaba placer. Nunca hubiera creído que un sencillo paseo, una cosa de nada, le reportara tanta dicha. Después de medio dia se dirigió á casa de su sobrino.

Pasó por la puerta de una docena de veces antes de que tuviera el coraje de ir y tocar. Pero él hizo un guión, y lo hizo.

—¿Es su maestro en casa, querida? dijo Scrooge a la muchacha. Buena chica! Muy.

—Sí, señor.

—¿Dónde se halla, prenda?

—En el comedor, con la señora. Si quereis os conduciré amante.

—Gracias. Él me conoce, dijo Scrooge, con la mano ya en el cierre del comedor: voy a entrar.

Abrió el picaporte suavemente y asomo la cabeza por la puerta. La pareja estaba entonces inspeccionando la mesa (dispuesta para una gran comida), porque los jóvenes recién casados son muy quisquillosos acerca de la elegancia en el servicio; quieren cerciorarse de que todo va como corresponde.

—Federico! dijo Scrooge.

¡Dios del cielo! ¡Que temblor la entro a su sobrina! Scrooge había olvidado, en aquel momento, como se hallaba pocas horas su sobrina sentada en un rincón y con los pies en un taburete, si no no hubiera entrado de aquel modo: no se hubiera atrevido.

—¿Quien anda ahí? pregunto Federico.

"It's I. Your uncle Scrooge. I have come to dinner. Will you let me in, Fred?"

Let him in! It is a mercy he didn't shake his arm off. He was at home in five minutes. Nothing could be heartier. His niece looked just the same.

So did Topper when he came. So did the plump sister when she came.

So did every one when hey came. Wonderful party, wonderful games, wonderful unanimity, won-der-ful happiness!

But he was early at the office next morning. Oh, he was early there! If he could only be there first, and catch Bob Cratchit coming late! That was the thing he had set his heart upon.

And he did it; yes, he did! The clock struck nine. No Bob. A quarter past. No Bob. He was full eighteen minutes and a half behind his time. Scrooge sat with his door wide open, that he might see him come into the tank.

His hat was off before he opened the door; his comforter too. He was on his stool in a jiffy; driving away with his pen, as if he were trying to overtake nine o'clock.

"Hallo!" growled Scrooge in his accustomed voice as near as he could feign it. "What do you mean by coming here at this time of day?"

"I am very sorry, sir," said Bob. "I am behind my time."

"You are!" repeated Scrooge. "Yes. I think you are. Step this way, sir, if you please."

—Soy yo, tu tio Scrooge, vengo a comer: ¿Me permites que entre?

Déjalo entrar! Es una bendición que no estrechar su brazo. Estaba en su casa en cinco minutos. Nada podría ser más caluroso. Su sobrina tenía el mismo aspecto.

Lo mismo hizo Topper cuando llegó. Lo mismo hizo la hermana regordeta cuando llegó.

También lo hizo cada uno cuando hey vino. Maravilloso partido, juego maravilloso, maravilloso unanimidad, maravillosa felicidad!

Pero él fue temprano a la oficina la mañana siguiente. Oh, fue a principios allí! Si pudiera estar allí en primer lugar, y la captura de Bob Cratchit llegar tarde! Eso era lo que él había puesto su corazón en.

Y lo hizo, sí, sí! El reloj dio las nueve. No Bob. Un pasado trimestre. No Bob. Estaba lleno dieciocho minutos y medio por detrás de su tiempo. Scrooge se sentó con su puerta abierta, para que pudiera verle entrar en el tanque.

Su sombrero estaba apagado antes de abrir la puerta, su consolador demasiado. Él estaba en su taburete en un santiamén; ahuyentando con su pluma, como si estuviera tratando de superar a las nueve.

—Hola! Gruñó Scrooge en su voz acostumbrada lo más cerca que podía fingir.

— ¿Qué entiende usted por venir aquí, en esta hora del día?

—Lo siento mucho, señor-dijo Bob. Estoy detrás de mi tiempo.

— ¡Tú eres! repitió Scrooge. Sí. Creo que es usted. Paso este modo, señor, por favor.

"It's only once a year, sir," pleaded Bob, appearing from the tank. "It shall not be repeated. I was making rather merry yesterday, sir."

"Now, I'll tell you what, my friend," said Scrooge. "I am not going to stand this sort of thing any longer. And therefore," he continued, leaping from his stool, and giving Bob such a dig in the waistcoat that he staggered back into the tank again: "and therefore I am about to raise your salary!"

Bob trembled, and got a little nearer to the ruler. He had a momentary idea of knocking Scrooge down with it, holding him, and calling to the people in the court for help and a strait-waistcoat.

"A merry Christmas, Bob!" said Scrooge with an earnestness that could not be mistaken, as he clapped him on the back. "A merrier Christmas, Bob, my good fellow, than I have given you for many a year! I'll raise your salary, and endeavour to assist your struggling family, and we will discuss your affairs this very afternoon, over a Christmas bowl of smoking bishop, Bob! Make up the fires and buy another coal-scuttle before you dot another i, Bob Cratchit!"

Scrooge was better than his word. He did it all, and infinitely more; and to Tiny Tim, who did NOT die, he was a second father.

He became as good a friend, as good a master, and as good a man as the good old City knew, or any other good old city, town, or borough in the good old world.

—No sucede más que una vez al año, señor Scrooge, dijo tímidamente Bob saliendo de su cuchitril. No me sucederá otra otra vez Ayer me divertí un poco.

—Muy bien; pero 'os declaro, amigo, que no puedo consentir que las cosas sigan así mucho tiempo. En su virtud, dijo, levantándose de ¡a banqueta y dando un terrible empujón á Bob, que casi lo bizo caer; en su virtud os aumento el sueldo.

Bob tembló y piso mano á la regla de su bufete. Al principio tuvo el propósito de sacudir á su principal, de cogerle por el cuello y de pedir socorro á los transeúntes para que le pusieran una camisa de fuerza.

—Felices Pascuas, Bob, dijo Scrooge con aire muy formal y dándole golpecitos en la espalda, de modo que el favorecido ya no tuvo dudas. Felices Pascuas, Bob, mi honrado compañero; tanto más felices cuanto que nunca os las he deseado. Voy á aumentaros el siendo y á proteger á vuestra laboriosa familia Hoy, después de medio día discutiremos acerca de nuestros negocios delante Je un vaso de ponche. Encended las dos chimeneas, y antes de que empecéis vuestro trabajo id á comprar una espuerta nueva para el carbón.

Scrooge cumplió todo lo que había prometido, pero aun hizo más, mucho más que cumplirlo.

- Para Tiny Tim, que no murió, fue como un segundo padre.

Se hizo tan buen amigo, tan buen amo, tan buen hombre, como el que más podía serlo en la vieja City ó en otro cualquiera punto.

Some people laughed to see the alteration in him, but he let them laugh, and little heeded them; for he was wise enough to know that nothing ever happened on this globe, for good, at which some people did not have their fill of laughter in the outset; and, knowing that such as these would be blind anyway, he thought it quite as well that they should wrinkle up their eyes in grins as have the malady in less attractive forms. His own heart laughed: and that was quite enough for him.

He had no further intercourse with Spirits, but lived upon the Total-Abstinence Principle ever afterwards; and it was always said of him that he knew how to keep Christmas well, if any man alive possessed the knowledge. May that be truly said of us, and all of us!

And so, as Tiny Tim observed, God bless Us, Every One!

Algunas personas se rieron de esta transformación, pero él no se cuidó de ello, porque sabía perfectamente que en este mundo no ha sucedí lo nada de bueno que al principio no haya causado la risa de ciertas gentes. Puesto que tal clase de personas han de ser ciegas necesariamente, vale más que su enfermedad se manifieste por las muecas que hacen á fuerza de reír, que no de otra manera menos agradable. El también se reía, y en esto paraba toda su venganza.

Con los espíritus no tuvo más trato, pero sí mucho con los hombres. Se cuidaba de sus amigos y de su familia, y durante el aúno hacia más que disponerse para celebrar la Navidad, en lo que nadie le ganaba. Todo el mundo le hacia esta justicia.

Hagamos por que digan lo mismo de vosotros y de mí, de todos nosotros y exclamemos como Tiny Tim, ¡Que Dios nos bendiga!